本书得到国家自然科学基金"基于'全球—地方'互动的长三角功能多中心发育模式与机理研究"（41901186）、国家社会科学基金重大项目"构建大中小城市协调发展格局研究"（23ZDA049）和华东师范大学人文社会科学精品力作培育项目（2024ECNU-JP006）资助。

长三角城市网络

多重异构、领域互嵌与多中心发展

张维阳／著

科学出版社

北　京

内 容 简 介

　　城市网络研究为理解全球化和信息化背景下城市区域的形成机制提供了新的范式，系统剖析中国城市群的网络化发展模式成为深化城市群高质量发展研究的核心议题。本书以长三角城市群为对象，从多重城际联系的视角以及竞争与合作的维度，揭示城际网络的多重异构特征；从属性、层级和网络之间的交互关系入手，探讨网络化发展的领域互嵌模式；并回应长三角多中心发展问题。本书不仅从学术上对长三角的网络化城市体系进行了科学解析，也对长三角一体化发展面临的问题进行了"把脉"。

　　本书可供城市地理学、城市规划、公共管理学等相关专业的研究人员和研究生阅读，也可为政府和规划部门制定相关政策提供参考。

图书在版编目（CIP）数据

长三角城市网络：多重异构、领域互嵌与多中心发展 / 张维阳著.
北京：科学出版社, 2024.10. -- ISBN 978-7-03-079397-3

Ⅰ. F299.275

中国国家版本馆 CIP 数据核字第 2024KR4919 号

责任编辑：杨婵娟 / 责任校对：何艳萍
责任印制：赵　博 / 封面设计：众聚汇合

科 学 出 版 社 出版

北京东黄城根北街16号
邮政编码：100717
http://www.sciencep.com

北京市金木堂数码科技有限公司印刷
科学出版社发行　各地新华书店经销
*
2024年10月第 一 版　开本：720×1000　1/16
2025年 1 月第二次印刷　印张：11 1/2
字数：170 000
定价：98.00 元
（如有印装质量问题，我社负责调换）

Each of the thirty member cities of this conurbation (the Yangtze River Delta) constitutes an open spatial system that is connected to cities world-wide in overlapping social, economic, and political networks. To make this statement is easy but to measure and map these networks – to begin to understand the multiple interrelations both internal and external of this giant constellation of cities – is difficult if not impossible.

—— John Friedmann，2019

序

　　随着全球化和信息化的不断演进，城市功能逐渐超越其行政边界，使得城市通过经济、社会和文化等多重联系与其他城市形成了复杂的网络结构。城市群，作为内部网络联系密集的城市空间组织，已成为区域发展和空间治理的重要空间单元。在此背景下，作为中国主要的经济区之一，长三角城市群的城市网络发展呈现出复杂的异构性，并通过层级、领域和网络的互动，实现了区域内外资源配置和功能分工，成为观察和研究城市群网络化与多中心发展的典型样本。

　　长三角地区的网络化发展历史悠久。自 20 世纪 80 年代以来，该地区通过吸引外资、产业升级调整和交通基础设施的完善，逐步形成了以上海为核心的网络结构。上海加快建设国际经济、贸易、金融、航运和科创中心，成为长三角区域经济发展的引擎，而南京、杭州、苏州、宁波等城市则通过产业互补与职能协同与上海共同形成了多维度、多层次的城市网络体系。长三角城市网络不仅在区域内实现了整合与协同，还通过上海等核心城市的门户和桥梁作用，链接为全球经济运行中的重要组成板块。然而，在全球经济秩序不断重组和国内经济转型升级的背景下，长三角的城市网络联系更加错综复杂，区域协同发展成为更迫切的需求，促使学者们重新审视长三角城市网络的组织模式及其塑造动力。

　　张维阳博士毕业于比利时根特大学，师从城市网络领域研究的国际学术带头人本·德吕代（Ben Derudder）教授，自攻读博士学位期间就致力于多尺度城市网络的理论与实证研究，尤其是针对长三角地区的多中心与网络化发展做了系统工作。加入华东师范大学以后，他将自己对城市网络的学术积累同华东师范大学城市地理的研究传统相结合，不断深化城市网络与城市体系的学术研究，核心成果相继发表在 *Urban Studies*，*Regional Studies*，*Environment and Planning A*、《地理学报》等国内外顶级期刊，也获得国家自然科学基金面上项目和青年项目的资助，逐步成长为我国城市网络研究领域的重要学者。《长三角城市网络——多重异构、领域互嵌与多中心发展》一书就是张维阳博士近年来对长三角城市网络研究的系统总结。

该书通过多维度、多层次的视角，系统性地分析了长三角城市群的网络化发展模式及机制。全书内容围绕长三角城市群的多重异构、领域互嵌与多中心发展三个核心问题展开，从理论基础、实证分析和发展实践，为读者提供了一幅全景式的长三角城市群网络化发展图景。在多重异构部分，详细分析了城际多重联系的结构及其驱动因素；通过综合竞争与合作的关系测度，剖析了两种动力下长三角城市的功能互补与重叠模式；并通过研究外资企业的网络化扩张过程及其动力机制，展示了全球化如何参与塑造地方城市网络。在领域互嵌部分，探讨了传统地理空间的城市层级及城市属性如何与网络流动交织共存，展示了地理领域空间与网络空间的互动过程。在多中心发展部分，通过分析多尺度下的长三角多中心分工模式，区域范围演变过程与多中心结构变化，以及多中心治理等问题，阐述了这一地区日益网络化所塑造的多中心发展模式。

整体来看，该书具有以下几个特点：①理论与实证有机结合，紧扣全球城市网络理论和城市群发展的最新研究成果，通过大量实证数据的分析，将长三角城市群的网络化发展置于全球化和区域经济协调发展的背景下进行探讨，推进了城市群区域组织模式的理论探索；②进行多维度、多尺度的分析，从基础设施联系、人口流动、企业网络等多个角度和区域、全国和全球等不同尺度切入，展示了城市群网络的复杂性和多样性；③结合区域发展实践，针对长三角城市群的组团划分、边界演变和多中心发展等问题，通过科学严谨的分析，提出了一系列有益的科学发现，为政府和规划部门提供了有力的参考。

作为一名长期关注城市发展和区域规划的学者，我自 20 世纪 80 年代就开始关注城市（经济）网络研究的基本问题。2000 年以后，我指导的博士生先后从互联网基础设施、新国际劳动分工、全球生产网络、企业内部网络、航运网、航空流等视角入手，对在信息化、全球化、市场化等背景下的中国城市网络特点、演变和机制进行了系统剖析。在这一过程中，我深感城市群的发展呈现出新的态势和不确定性，城市网络的研究面临机遇与挑战，需要我们持续地关注，不断加强中国城市网络研究的自主性建构。因此，我认为该书的出版不仅对深化城市网络理论研究具有重要意义，也为洞察长三角城市群城市网络模式、理解中国城市群的特殊性和复杂性提供了重要参考。

希望这本书能激发更多关于城市群发展的讨论和研究，为我们共同面对的城市与区域发展问题提供更多的解决方案和思路，也能推动华东师范大学城市地理学派在城市群与城市网络的理论和实践认知的学术征程上继续向前！

是为序。

华东师范大学　宁越敏

2024 年 9 月

　　日益深化的全球化和信息化促使区域空间组织模式深刻重组，一个主要表现是不断出现的以网络化和多中心为主要特征的各类城市区域组织（Friedmann，1986），如大都市带（megalopolis）、全球城市区域（global city region）、多中心城市区域（polycentric urban region）、中间城市（Zwischenstadt）、大都市区域（megapolitan area）、巨型城市区域（megacity region）和城市群等。这种网络化和多中心的发展模式往往与空间协调、社会公平、经济集聚外部性和环境可持续相关，因此受到城市研究学界和规划部门的青睐，也很快成为各国指导空间规划的理论工具，如"1999 欧洲空间发展展望"（European Spatial Development Perspective，1999）、"美国 2050 远景规划"（America 2050 Prospectus）以及中国的城市群战略（例如，《中华人民共和国国民经济和社会发展第十四个五年规划和 2035 年远景目标纲要》中提出了"以促进城市群发展为抓手，全面形成'两横三纵'城镇化战略格局"的规划内容）。

　　城市区域的网络化与多中心发展在国外文献中得到了充分关注和深入讨论。近年来中国城市群也为观察这种区域体系提供了一个新的"实验室"。然而，虽然国外研究框架为理解中国城市区域发展提供了一定借鉴，但一个关键问题仍然存在：中国城市群的网络组织模式是否与世界其他地方的类似？换言之，虽然我们常讲建构符合中国实际情况的城市区域研究范式，但对"中国语境"在塑造城市区域发展中的作用缺少系统讨论。就城市群的形成和塑造而言，"中国语境"主要体现在以下几个方面。①中国的城市群由较大的城市组成，明显具有更大的地理规模。②行政空间重组的背景下，中国城市的行政等级在很大程度上决定了城市权力及城际关系，且行政边界在塑造社会经济互动方面的影响也更强。③中国显著的区域差异阻碍了城市群内的均衡发展。④"城市区域"的出现被认为是发达经济体后工业经济转型的空间结果，城际联系主要由先进服务业塑造，而中国城市群的形成则与制造业网络密不可分。⑤虽然财政分权改革强化了城际竞争，但城市群建设和尺度重组也被当成国家对财政分权危机的回应手段。在此背景下，有必要系统揭示中国城市群的网络化与多中心发展模式。

从城市网络的学术研究来看，自 20 世纪 50 年代以来，源于社会学、信息科学、物理学和生物学领域的网络分析逐渐被引入地理空间研究，为区域科学、城市科学和空间经济学的城市体系研究提供了新的方法。城市网络（urban networks）的概念逐渐出现在学术文献中，并迅速发展起来。不断涌现的城市网络研究可以归纳为：在空间结构分析中嵌入网络或网络思维，研究城市之间和城市内部的相互关系。城市研究中的网络转向主要体现在以下几个方面。①城市网络研究的内容更丰富，包括交通和人口移动网络、通信网络和互联网、货物和商品的运输网络、经济要素流动、知识的传播等。②城市的网络分析被拓展到多个尺度，即包括从城市内部邻里的社会关系到区域内城际关系到国家和全球尺度城市体系的研究（为简化表述，本书中的长三角城市网络指代长三角城际联系网络）。③城市研究中的网络分析服务于不同的研究目的，包括描述城市节点在网络中的位置、分析整体的网络轮廓和体系结构、研究网络结构的演化和模拟、评估网络联系的绩效等。城市网络研究的理论和方法的突破使城市体系研究的重点从关注城市规模分布的属性研究转向更关注城际联系和职能分工的流动研究。因此，剖析城市群的城市网络发展，也为城市研究的网络转向提供了更系统的区域尺度案例。

作为我国发展程度较高的城市群，长三角城市群具有较为完整的城镇体系、密集的基础设施网络和相对扎实的区域合作基础，多中心发育较为典型。如弗里德曼（2019）所述，"长三角城市群是中国几个大型城市群的一个代表，这个聚集区的每个成员城市都是一个开放的空间系统，通过重叠的社会、经济和政治网络与全球各城市相连。虽然这种表述很容易，但测度和绘制这些网络——理解这个庞大城市群的内部和外部的多重关系——却是困难的"①。

　　基于以上背景，本书将长三角城市群作为中国城市群的典型案例，对其多重社会经济联系网络进行系统分析，旨在丰富对这一区域组织形式与塑造机制的科学认识，有助于回应长三角一体化的科学需求，并为全面了解中国城市群的网络发育机理提供典型样本。具体来说，本书通过勾勒城际联系的几种主要形式——交通基础设施联系、商务联系和城际出行人口流动，揭示长三角城市网络的多重异构特点，探索多重城市网络与领域（territory）空间的交互影响机制，并评估其与多中心发展之间的关系。除绪论外，本书主要由三部分构成，其中第一部分（第二章至第四章）从多重联系、合作与竞争、外资企业等不同角度来解析长三角城市网络的异构模式并回答这种多重异构的影响因素。第二部分（第五章和第六章）分别从网络-属性以及网络-层级的关系入手，探讨领域和网络间的互动模式。第三部分（第七章至第九章）从多尺度性、区域范围演变和多中心治理入手，重点解析长三角的多中心发育问题。

　　本书具有以下特点。在分析框架上，不同于以往聚焦城际联系的单一视角，区域内部联系的单一尺度，以及忽视地理基础的单纯网络研究，本书通过融合和对比基础设施、人口流动、企业联系等不同城际联系，区分合作型关系和竞争型关系，强调"全球-地方"互动过程，以及"领域"和"网络"的相互影响，为解析中国城市群的网络化发展提供了多维度、多尺度、综合领域-网络的分析框架。在研究视角上，本书将国际上城市网络与多中心研究的理论积累、方法技术同中国城市群发展的实际相结合，结合中国城市群尺度规模大、区域差异显著、发展类型多元等特点，挖掘了中国城市群的网络化发展模式。在实践意义上，本书同长三角网络化与多中心发展的实

---

　　① 原文为：Each of the thirty member cities of this conurbation（the Yangtze River Delta）constitutes an open spatial system that is connected to cities worldwide in overlapping social, economic, and political networks. To make this statement is easy but to measure and map these networks – to begin to understand the multiple interrelations both internal and external of this giant constellation of cities – is difficult if not impossible.

践需求紧密结合，从多尺度性、区域构成和多中心治理入手，重新评估了长三角的多中心结构，较好融合了学术理论研究和区域发展实践。尽管本书对长三角的网络体系做了大量研究，但由于城际联系具有多重性、复杂性和变动性，且本书对长三角的分析时间跨度较长，后续还需要进行持续跟踪和更新研究，以夯实对中国这一典型城市群"实验室"的深刻解读和理论建构。

本书基于笔者过去十余年围绕长三角城市网络开展的持续研究完成，先后得到了国家自然科学基金项目（41901186），国家社会科学基金重大项目（23ZDA049）和华东师范大学人文社会科学精品力作培育项目（2024ECNU-JP006）的资助。在研究开展及书稿撰写、修改和发表过程中，比利时鲁汶大学 Ben Derudder 教授，香港大学刘行健（Liu Xingjian）教授，澳大利亚昆士兰大学托马斯·西格勒（Thomas Sigler）教授，中国科学院南京地理与湖泊研究所段学军研究员和陈雯研究员，华东师范大学宁越敏教授、孙斌栋教授、曾刚教授、汪明峰教授、王列辉教授、崔璨教授和申悦教授等各位领导和同仁提供了各种支持和帮助，笔者在此表达诚挚谢意。

本书部分章节内容来自以下已发表的成果：*Tijdschrift voor Economische en Sociale Geografie*（2020 年第 2 期），《城市问题》（2023 年第 2 期），*Regional Studies*（2018 年第 4 期），《地理科学进展》（2024 年第 4 期），*Urban Studies*（2019 年第 16 期），《地理研究》（2023 年第 12 期，2024 年第 6 期），并增加了部分新近整理的研究成果。在此感谢这些论文的匿名审稿专家和期刊编辑提出的建设性意见，也感谢论文合作者的鼎力支持。同时，衷心感谢科学出版社杨婵娟编辑给予本书出版的热心支持和编辑工作。

本书离不开我的研究生团队的同心协力，钱雨昕、唐可欣、刘珺琳、钟无双、谢海威、唐锦玥、唐晖玥、王逸飞等多年来出色地完成了研究工作，并成为部分工作的合作者；特别是唐可欣、钟无双、谢海威、朱永璐同学参与了书稿整理工作，在此一并致谢。

华东师范大学　张维阳

2024 年 6 月

目　录

第一章 绪 论

中国一度是全球人口最多、城市化速度最快的国家，见证了以城市群为代表的城市区域的迅速崛起，典型的例子包括长江三角洲、珠江三角洲以及京津冀地区。在这些城市区域的内部，多个城市在功能上相互联系，通过密集的基础设施联系和知识、人力资本等要素的流动，在全国和全球经济运行中逐渐成为一个相对统一的区域整体。这种多中心和网络化的区域成为国家空间治理的主要对象，同时受到城市与区域研究者的广泛关注。

本书对长三角城市群的城市网络进行了系统分析，旨在丰富对这一区域组织形式与塑造机制的科学认识，响应长三角一体化发展的科学需求，并为全面了解中国特大城市区域的网络发育机理提供典型样本。具体来说，本书通过勾勒城际联系的几种主要形式——交通基础设施联系、商务联系和城际出行人口流动等，揭示长三角城市网络的多重异构特点，探索多重城市网络与领域空间的交互影响机制，并研究其与多中心发展之间的关联关系。

绪论首先概述所涉及的概念背景，主要包括新兴城市网络相关研究背景以及城市区域在中国的兴起过程；其次，提出本书的主要研究问题；再次，介绍研究案例区域及主要研究数据；最后，对本书的结构进行概述。

1.1 繁荣的城市网络研究

自 20 世纪 50 年代以来，城市网络研究日益成为城市与区域研究领域的重要分支。如图 1-1 所示，通过谷歌学术（Googel Scholar）检索发现，"Urban Networks"在文章标题中出现的频数呈指数级增长。城市网络研究的蓬勃发展主要体现在两个方面：一是城市和区域系统被愈发视作一种网络体系的逻辑范式（Castells，2009；Shearmur and Doloreux，2015）；二是网络分析方法在城市和区域系统研究中迅速发展与广泛运用（Newman et al.，2011）。基于"网络思维"，学者们在全球（Taylor and Derudder，2015；曹湛等，2022）到国家（Pan et al.，2017；王姣娥和景悦，2017）和区域（Hall and Pain，2006；李迎成等，2023）等不同尺度上进行了丰富的实证分析，以探讨城市和区域系统的结构与功能。本书将介绍城市网络研究的理论基础、实证研究成果以及地理尺度问题。此外，本书还将讨论城市网络研究中涉及的三个关键问题：城市网络的多重性、领域互嵌和多中心性。

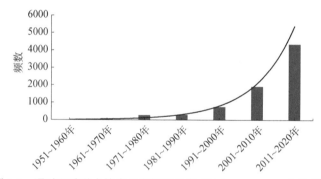

图 1-1　通过谷歌学术检索文章标题出现"Urban Networks"的频数
（查询截止到 2023 年 9 月）

1.1.1　理论基础

下文将简要介绍几位重要学者在理解城市间联系方面的开创性工作，以揭示城市网络研究的理论基础。简·雅各布斯（Jane Jacobs）较早地将城际关系的概念放置在理论框架中。她在关于"城市经济增长"的著作中，提出了"城市外部关系"的概念，指出"城市外部关系"与城市集聚效应相互关联，并成为经济增长的主要动力（Jacobs，1969，1985）。此后，曼努埃尔·卡斯特（Manuel Castells）的"流动空间"（Castells，1996）、萨基亚·萨森（Saskia Sassen）的"全球城市"（Sassen，1991，2001）、皮特·泰勒（Peter Taylor）的"中心流"（Taylor et al.，2010；Derudder and Taylor，2018）、威廉·阿隆索（William Alonso）的"规模互借"理论（Alonso，1973）等对城市研究中"网络思维"的普及产生了深远影响。

卡斯特提出了"流动空间"的新空间逻辑。在他的著作《网络社会的兴起》中，网络被认为构成了"信息时代"的社会形态，"场所空间"已被新的"流动空间"所取代（Castells，1996）。"流动空间"由三层组成：为网络社会提供物质支撑的电子脉冲（electronic pulses）（Castells，1996）和基础设施连接（Castells，1999）、构成不同网络的节点和枢纽的场所（城市），以及管理者（扩展到一般意义上的人）工作和行动等活动形成的空间组织。尽管"流动空间"的逻辑是为重新阐述全球化和信息时代的社会组织而设计的，但它可以被视为更广泛的元地理转变的一部分，即通过"城市间关系"的视角来理解城市系统。在这种情况下，城市系统被视为离散城市和有界城市之间的一种空间关系。然而，城市并不是相互直接联系的"自治实体"，而是"由许多不同的网络关系——包括经济、社会、政治、技术或基础设施等——聚合的空间载体"（Pflieger and Rozenblat，2010）。这些不同的网络关系尽管在类型、规模和结构方面具有不同的特征，但在城市中相互联系，从而定义了城市在网络中的位置。同时，城市空间的特征影响着这些网络的形成（Pflieger and Rozenblat，2010）。

萨森对全球城市的研究强调，在全球化的背景下，制造业呈现出空间上的分散化与国际化的趋势，导致了对制造业具有管理与控制职能的服务业节点的集中化，尤其是随着生产性服务业与金融业的不断发展，一些先进生产性服务业（advanced productive service，APS）日益集中于全球城市（如纽约、伦敦和东京），以加强全球管理与协调。这些先进生产性服务业公司的"庞大的跨国网络"（Sassen，1991）使全球城市能够相互联系，并且这些全球城市之间的相互作用构成了"新兴跨国城市体系"（Sassen，2001）。萨森全球城市理论强调，企业是全球城际联系的主要行动者（agents），这一逻辑为世界城市网络研究提供了理论基础之一［参见全球化与世界城市研究网络

（Globalization and World Cities Research Network，GaWC）的工作，特别是 Taylor 和 Derudder（2015）]。

泰勒等人提出的中心流理论（Central Flow Theory）主要关注城市在全球网络中的非本地连接和水平连接（Taylor et al.，2010）。这一理论的提出，目的在于弥补中心地理论在捕捉现代城市外部关系动态方面的不足。该理论倡导通过网络中的连接来理解城市，而不仅仅是将城市视为服务于其直接腹地的独立中心（参见中心地理论；Christaller，1933）。中心流理论将城市视为互联互通的网络节点，这些节点通过各种形式的流动（如经济、信息、人才和技术）相互作用，超越了传统的地理和层级边界。这种视角有助于揭示城市如何通过全球网络互相影响和依赖，从而形成一个复杂的、动态的全球城市系统。Derudder 和 Taylor 等则结合中心流理论和链锁网络模型（Interlocking Network Model）来分析城市之间的相互作用和连通性，考虑了各种组织（如生产服务公司、非政府组织、海运服务公司和全球媒体公司）在不同城市中的存在和交互（Derudder and Taylor，2018），展示了链锁网络模型分析城际流动的潜力。

阿隆索的规模互借理论则从网络视角提供了城市化经济运行的逻辑。阿隆索（Alonso，1973）认为，小城市通过与中心城市的连接"享用"大城市的规模优势。具体来说，小城市的居民可以使用其他城市的商品和娱乐设施弥补自身不足，商人可以共享仓储和商业服务设施，劳动力市场享有更广泛的供需范围。规模互借概念描述并特别解释了位于较大"大都市复合体"中的较小城市之所以表现更好的情况，因为它们可以获取到相邻更大城市的集聚效益。Meijers 和 Burger 为了扩展这一概念的政策价值，对借用规模的尺度和范围进行了延伸，指出借用规模是指一个城市通过与其余城市在跨越多个空间尺度的城市网络中进行交互，拥有了与更大城市相关联的城市功能和/或绩效水平（Meijers and Burger，2015）。其中，多尺度、多类型的城市网络充当了集聚效应的替代品。类似地，"区域外部性"（Parr，2002）或"网络外部性"（Boix and Trullén，2007）也强调了网络联系的经济效应。Capello 和 Camagni（2000）强调通过参与网络，城市在合作活动中分享来自较大城市的集聚效应，形成互补关系和协同活动中的协同效应。与克里斯塔勒（Christaller，1933）提出的传统的等级联系相比，网络连通性更侧重于水平联系。还有学者（Batten，1995）认为，公司可以预期从无形资产（如互惠性、信息交流和创造力等）中受益。在这种情况下，城市之间的合作与互补性促进了更广泛的分享、匹配和学习，为城市的经济利益和潜在成功提供了支持（Duranton and Puga，2004；Puga，2010）。

1.1.2 实证进展

城市与区域网络研究的实证分析，主要包括以下几个类别：生成城市网络、描述网络结构、追踪城市网络演化及建模过程、解析城市网络形成机制。

生成城市网络是通过关系视角理解城市系统的关键前提。除了少数城市间通过基础设施等直接连接外，各个城市之间并不直接相连，而是通过更广泛的行动者（如公司、人员和航班）产生联系，因此，需要从城际行动者联系信息确定城际联系是如何产生的。网络的生成主要可以划分为三种模式，如图 1-2 所示。首先，对于城市直接联系的情景（如城际铁轨直接联系），需要将是否联系及联系强度直接编码为城际联系信息（图 1-2a）。其次，对于城市间依靠行动者直接联系的情景（如城际人口流动或两个城市间高校招生），则是把城市作为一种空间载体，行动者联系的聚合可表征城际联系的强度（图 1-2b）。最后，对于城市间依靠行动者潜在联系的情景（如城市间因企业共存而产生潜在交互）（图 1-2c），城市网络的生成则涉及二模网络转换为一模网络的过程（Liu and Derudder，2012）。其中，链锁网络模型是一

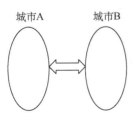  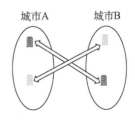

（a）城市直接联系　　　（b）行动者直接联系　　　（c）行动者潜在联系

图 1-2　城市网络生成的三种模式

种较为常用的转换方法，它由泰勒（Taylor，2001a）设计并被 GaWC 广泛应用，采用跨城市先进生产性服务公司共存，模拟其办公网络，并用来估计城际交互强度。

城市网络结构研究主要从城市、城市对和网络结构三个层面进行。首先，城市在网络中的节点重要性可以通过不同的中心性分析来表示，包括度中心性（Ma and Timberlake，2008；Alderson et al.，2010；焦敬娟等，2016）、中介中心性（杜超等，2019；Krätke，2014）、特征向量中心性（Smith and Timberlake，2001）、接近中心性（Alderson and Beckfield，2004）和流中心性（Wall and van der Knaap，2011；焦敬娟等，2016）等。这些不同中心性定义了城市在网络中的不同"重要性"（Sigler，2013）。例如，中介中心性衡量的是从所有城市通过某个城市到所有其他城市的最短路径的数量，从而评估该城市在协调两个城市系统或两个地理尺度之间联系的重要性。然后，城市对的连通性多采用两个城市之间关系的有无、关系方向及关系强度来衡量，基于城市对连通性可以检测城市的直接影响腹地与间接影响腹地（Taylor，2001b）。最后，基于城市和城市对的测度，城市网络结构分析主要有如下几种：①分析城市网络的拓扑特性，如小世界特征（Schnettler，2009）、无标度结构（Barabási and Albert，1999）和幂律分布（Zhao et al.，2015）；②根据城际连接进行次区域划分（Taylor et al.，2013；Zhang et al.，2018；王姣娥和景悦，2017）及核心边缘结构识别（Pain，2008）；③比较不同城市网络的结构等价性（Choi et al.，2006；Ducruet et al.，2011）；④评估区域尺度的多中心结构（赵渺希等，2016）。此外，科学绘制城市网络图是剖析城市网络结构的前提。城市网络可视化的主要障碍之一是城市网络通常具有高密度的特点，且根据地理学第一定律，相邻地理单元之间的联系更紧密（Tobler，1970）。另外，还存在缺乏适当的软件和专门的空间网络布局算法等其他障碍。然而，近年来网络可视化技术的发展也使城市网络所包含的丰富信息更容易被清晰呈现，其中几种较为流行的可视化技术包括：地图上叠置"箭头和条带"（Derudder et al.，2014），边捆绑技术（Holten and van Wijk，2009；Selassie et al.，2011），循环流图（Abel and Sander，2014；Hennemann et al.，2015），以及"corrgram"相关图技术（Wood et al.，2010）。

网络结构变化研究包括分析网络中各个城市和城市对的位置轨迹如何随时间变化，以及追踪网络结构的发展情况。因此，该部分研究同网络结构演化研究相关，但区别在于该部分研究的目标是基于时间维度进行分析。典型的例子包括研究跨国城际连通性的变化模式（薛德升和邹小华，2018；Derudder et al.，2010）、交通（航空、铁路和海运）网络的历史演变（Ducruet and Notteboom，2012；Wang et al.，2009；Zhang et al.，2021），以及区域/国家尺度的城市系统转型（Gordon and Richardson，1996；Neal，2011）。

为了解释网络结构演化动力，城市网络建模研究主要根据空间和拓扑特征进行网络结构模拟。其中，最为常见的是通过重力模型来模拟网络结构。重力模型假设两个城市之间的连通性与其"规模"成正比，与它们之间的距离成反比（Enault，2012；Tobler，1970）。重力模型是以节点独立性为前提的。然而，大多数城市网络的特点是城市之间存在结构性的相互依赖。例如，如果两个城市共享最近的邻居（即传递效应），两个城市之间的联系往往会很强（Dai et al.，2016）。因此，一些基于网络拓扑结构的建模方法〔如指数随机图模型（Exponential Random Graph Model）和随机行动者模型（Stochastic Actor-oriented Model）〕从网络内生结构或参与者行为共同演化出发，对网络结构进行解释及预测（戴靓等，2022；Liu et al.，2013，2015）。但这些拓扑模型有其自身的局限性，如仅限于对二值网络进行建模[1]。因此，综合空间/拓扑结构进行网络建模是进一步研究的主要方向。

城市网络形成机制研究与城市网络建模进展密切相关。已有研究关注的网络形成机制大致可分为三类。第一类是那些被认为直接影响城际联系需求的重力参数，包括距离（Tobler，1970）、GDP 和人口等城市规模的衡量标准（Krings et al.，2009）；第二类是指能够促进或抑制城际联系强度的领域因素，如行政边界（王雪微等，2021；Ma，2005）、地貌连续性（Wu et al.，2018）、文化亲缘特征（van Houtum and Lagendijk，2001）、经济联盟（Li

---

[1] 有关详细信息，请参阅 Dai 等（2016）。

and Wu，2013）和行政体系（Cartier，2013）；第三类是借用多维邻近的分析框架，探讨地理邻近、社会邻近、文化邻近、制度邻近等因素对城际联系的影响（Li et al.，2015；Sigler et al.，2021）。

城市网络的研究显然不仅仅集中在这些方面。例如，已经出现较多文献探讨了城市网络化发展带来的相关经济或社会影响（孙东琪等，2022；姚常成和吴康，2022）以及一系列区域治理问题。这些实践进展在不同地理尺度（城市内、城市间或区域、国家）得到广泛讨论。然而，城市网络是一个开放系统，关于城市网络的具体研究都受限于尺度定义和边界划分。基于此，下一小节将简要介绍城市网络研究的多尺度性质。

1.1.3 城市网络研究的关键议题

1. 城市网络的多尺度性

按照 Neal（2013）提出的城市网络研究多尺度分析框架，城市网络研究主要包括微观、中观和宏观等尺度。微观城市网络研究重点关注城市内部的网络，其中道路、通信和基础设施网络为城市内部通勤和要素流动提供基础，并塑造了邻里社交网络。在这种尺度下，不同城市功能组团（如就业和商业活动中心）通过多重网络相连接。常用的数据源包括通勤数据（Veneri，2010）、手机定位数据（Kang et al.，2012）、出租车轨迹数据（Goddard，1970；Nie et al.，2023）和街道网络（宋小冬等，2020）等。

中观城市网络研究主要关注区域和国家尺度的城市网络，其中铁路、高速公路和电信系统等城际基础设施连接着城市人口和经济活动集群，而城市本身在这些网络中扮演着节点的角色。在这一尺度下，剖析国家城市网络体系（Sun et al.，2022）、研究不同城市互联互通和非等级发展的多中心城市区域（Burger and Meijers，2012；Kloosterman and Musterd，2001）成为研究的两个主要方向。城市之间企业交易联系（Hanssens et al.，2014）、知识交流（马海涛和胡夏青，2022）、交通基础设施联系（钟业喜和陆玉麒，2011；Liu et al.，2016）、通勤流（de Goei et al.，2010）以及先进生产性服务业公司内的潜在工作联系（Taylor et al.，2008）被广泛用来刻画区域和国家的城市联系及其塑造机制。

宏观尺度的城市网络研究关注全球范围内的城际要素流动，主要开创性工作来自于 GaWC 的世界城市网络研究，通过对跨国先进生产性服务业的全球布局，刻画城际虚拟知识与商务流动网络 [参见 GaWC 的工作，特别是 Taylor 和 Derudder（2015）]。除此之外，全球城际关系研究也聚焦全球城市之间的投资、贸易和生产过程（杨宇，2022；Sigler et al.，2023），以及航空、航海和互联网骨干网的全球联系（Witlox，2011）。主要数据包括全球城市网络的数据源（包括全球化商业服务公司的网络位置信息）（Taylor and Derudder，2015）、全球航线数据（李恩康等，2020；Smith and Timberlake，2001）以及全球集装箱运输数据（王成金，2008；Ducruet and Notteboom，2012）等。

同时，这些尺度是相互关联而非彼此孤立的。例如，长三角地区虽然是由门户城市上海和其他相互联系的城市构成的区域组织，但从全球尺度来看，可以将上海视为全球城市网络中东亚地区的主要节点，其腹地由其他城市共同构造，支撑其"全球城市"的功能。在全国尺度上，长三角地区的城市同区域外城市间密集的要素往来不仅塑造了长三角多中心体系，也参与塑造了全国城市体系。此外，各个城市的内部网络组织也影响着这些城市的位置及与其他城市的联系方式。图 1-3 描述了城市网络研究中多尺度性与不同尺度间的交互关系，并列出了各自网络的节点、关系、基础设施联系等组成成分。

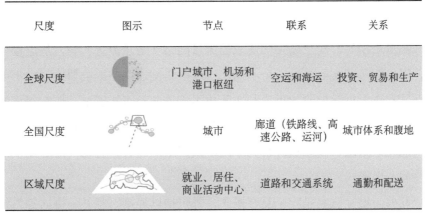

尺度	图示	节点	联系	关系
全球尺度		门户城市、机场和港口枢纽	空运和海运	投资、贸易和生产
全国尺度		城市	廊道（铁路线、高速公路、运河）	城市体系和腹地
区域尺度		就业、居住、商业活动中心	道路和交通系统	通勤和配送

图 1-3 城市网络研究中多尺度性与尺度交互

（改绘自 Witlox，2011）

2. 城市网络的多重性

"城市网络"是一个综合概念，既可以表征城市直接的联系，又反映了城市作为空间载体承载的网络行动者之间的联系。因此，城市网络具有多重性。例如，从基础设施连接的角度来看，城市网络有互联网骨干网、航空网、海运网、高铁网等形式；从社会实践的角度来看，城市网络可以表现为商业交流、知识交流和资本流动等形式。Burger 等（2014）将多重联系的存在概念化为"城市网络的多重性"，并提出了城市网络多重性的三个重要特点，为对比研究特定城市系统中的不同网络结构提供了启发。首先，由于不同维度城际联系对应不同的网络行动者，因此同一区域的不同联系视角未必具有相同的空间结构与地理模式。其次，在不同维度城际联系下，城市并不一定发挥相同的区域角色。最后，城市网络的多重性还与城市网络的多尺度性质有关，一种地理尺度上功能联系的变化会影响其他地理尺度上的其他功能联系。

除了用不同维度表征城际联系外，城市网络多重性还涉及多层次的连接互动。借鉴卡斯特的"流动空间"理论（Castells，1996），网络化空间可以被设想为三层的组合：①为网络社会提供支持的"信息系统、电信和交通线路的技术基础设施"层（Castells，1999）；②通过基础设施连接更广泛地点以开展社会实践的节点和枢纽层；③管理和控制这些流动的核心社会层。在交通联系中，基础设施的底层连接网络（铁轨等）、反映承载容量的组织网络（列车班次等）与反映实际需求的流量网络（客货流等）等，从连接可能性、潜力容量和实际流量三个不同层次映射了交通网络。类似地，由于中转旅客的存在，城际航班的供应与实际旅客流量并不直接匹配，航空网络的轴辐结构将高估实际航线流量网络中"主要枢纽"的连通性（Neal，2014）。因此，城市网络联系可以被理解为不同层次网络的组合，且每一层存在不同的维度和表现形式。

此外，城际联系是一个复合概念，既包括以连接、互补、协同等为代表的合作型关系，也包括竞争型关系。以往繁荣的城际关系（知识、人才、交通、资本等多维度城际流动）研究关注的多为合作型联系，相对忽视了城际竞争关系的科学解析。当越来越多的城市被日益紧密的联系纳入城际合作网络中时，节点城市也同样成为区域、国家甚至全球竞争的参与者，彼此间存在着复杂的竞争型关系。特别是受 20 世纪末分税制和分权制影响，地方政府在吸引企业投资和人才择业、制定产业政策、争取中央政策扶持等方面展开竞争，或通过地方国企直接参与土地等发展要素的市场活动，以期获取发展优势和有限资源。以长三角城市群为例，虽然一体化发展程度较高，但多个城市均将优势产业定位为装备制造、信息技术、生物医药和科技金融等，导致内耗式的同质竞争；在"抢人大战"背景下，上海、南京、杭州、南通、宁波等城市在提供就业岗位、放松落户要求、完善住房保障等方面也都先后开出颇具竞争力的条件；另外，在城市发展规划中，有接近一半的城市均提出建设金融中心的规划目标。除了政府作为城际竞争的主要行动者外，企业无疑是城际竞争关系的另一重要行动者：一方面，企业间的竞争会聚合投影到所属城市；另一方面，企业通过广泛的分支机构向远距离客户提供服务，在加强城市相互联系的同时，城市间也会由于存在选址替代性而产生竞争关系。因此，城市之间通过竞争和合作的双重过程紧密地联系在一起，城市网络多重性又可以理解为合作型联系和竞争型联系的多重性。

3. 区域城市网络与多中心发展

多中心发展往往与空间协调、社会公平、经济集聚外部性和环境可持续等诸多城市发展问题相关，因此受到城市研究学界和规划部门的青睐，也很快成为各国指导空间规划的理论工具。在我国，多中心的概念正逐渐应用到多个城市群规划和区域发展战略中。最典型的例子就是京津冀协同发展战略：致力于疏解北京非首都功能，推动雄安新区和北京城市副中心建设，以达到优化区域经济结构和空间结构的目的。类似地，长三角城市群一体化建设中主要关注的城际职能分工和互联互通也是推行多中心战略的最好体现。

多中心发展是区域（尤其是国际化程度较高的区域）的一种空间建构形

式，往往是全球和地方力量共同作用的结果。一方面，包括资本、技术等在内的全球要素跨国流动，通过区域门户城市的链接，扩散到区域内部，影响了城际职能分工形态。另一方面，城际的合理职能分工既服务于当地又服务于门户城市全球职能的提升。同时，区域内在因素和根植性也为多中心结构的发育提供了基础。因此，城市群的多中心发育并非独立于区域尺度，而是"全球-地方"过程互动的结果（Hall and Pain，2006）。另外，多中心结构具有高度的尺度依赖性。具体来说，多中心在不同的空间尺度上有不同的表现形式，在某尺度上为多中心的城市体系从其他尺度来看却可能表现为单中心。例如，从全球尺度看英格兰东南部城市区域，由于全球经济和知识的密集流动在伦敦汇集，因此该区域是一个典型的单核心城市区域；然而，在区域内部，这些流动从伦敦向伯恩茅斯、斯温登和北安普敦等周边城市扩散，形成了多中心的空间组织（罗震东和朱查松，2008；Hall and Pain，2006）。这种现象可以从城市的职能分工来理解，即单个城市职能可分解为满足城市内部生产生活需求和为城市外部不同城市体系提供商品和服务的节点职能（Preston，1971）。换言之，城市在本地城市体系和全球城市体系中分别承担着不同角色和职能分工。高等级的门户城市往往拥有更便利的外部连接性和更高等级的服务供给，从而更多地在国家乃至全球尺度承担节点职能；而小城市则更多地承担区域或当地职能。因此，从多尺度综合解析区域多中心结构很有必要。

涉及多中心城市区域的学术文献涵盖主题广泛，包括对多中心性定量方法的探索（Green，2007；Limtanakool et al.，2009），对其社会经济和环境影响的评估（Brezzi and Veneri，2015；Meijers and Burger，2010），对其理论基础的探索（Kloosterman and Musterd，2001；Lambregts，2009），以及一系列治理问题（Hendriks，2006；Xu，2008）和规划举措（Wang et al.，2020）。另外，形态和功能是理解区域多中心性的两个不同维度。形态多中心强调城市尺寸和规模（如人口和GDP）的均衡布局（ESPON Monitoring Committee，2007），而功能多中心更多的是强调城市职能合理分工和城际密集的功能联系（de Goei et al.，2010）。换言之，从形态学的角度来看，多中心城市区域可以简单地被定义为城市规模分布均衡的城市区域；从功能角度来看，多中心城市区域则更像是一个具有均衡的城市功能分布和城际互动的区域。对于同一区域而言，形态和功能多中心的测度可能会得到一致抑或不一致的结果。一个明显的案例是 Hall 和 Pain（2006）主持的 POLYNET 项目，该项目对欧盟 8 个多中心城市区域分别进行了形态和功能的评估，得到了差异的结果。然而，形态和功能多中心性在某种程度上也存在因果关系。Burger 和 Meijers（2012）通过建构概念框架的方式来解释形态多中心和功能多中心的关系：他们认为形态测度的城市尺寸和规模约等同于其服务内部居民的职能以及服务外部区域、国家和全球职能的总和；而功能测度的城市职能则仅限于指特定尺度城际连接能力的大小。Liu 等（2016）则按照这种逻辑，对我国的 22 个城市区域分别进行了形态和功能多中心性的评估，并分析了它们的耦合模式。

4. 网络与领域互嵌

在日益网络化的流动空间中，区域主义强调的领域和尺度逻辑受到了推崇"无边界的"和"关系论"学者的挑战（Amin，2004）。他们认为，一个"区域"是通过空间上相互联系的社会经济活动过程产生的。具体而言，特定区域的内部活动、跨区域的流动均存在不确定性，领域的边界不应仅仅单纯反映一种预想的框架（Pred，1984；Söderbaum and Taylor，2008）。相反，区域作为各种要素流通的空间，应当是一个复杂且无边界的连接结构。此外，很多学者认为领域和网络并非二元分割的。具体而言，虽然领域边界正变得多孔和可渗透，但领域相关的因素（如自然、经济、社会、文化或治理的共性）仍然为区域构成提供了最基础的框架。他们认为"网络化"和"领域化"结合形成了一个"区域世界"（Hudson，2007；Jessop et al.，2008），重点应该分析不同的社会-空间关系（如领域、地方、网络、尺度）如何以不同方式、在不同的时间以及语境下进行组合（Harrison，2013）。尤其在我国城市区域发展的语境下，地方政府积极奉行"城市企业主义"、"行政区经济"模式（刘君德，2004）和"晋升锦标赛"治理模式（周黎安，2007），在吸引企业投资、人才择业、制定产业政策、争取中央政策扶持等方面开展竞合，塑造了城际的要素流动。因此，行政边界、空间等领域要素和要素网络流动彼此塑造并相互影响。

1.2 中国城市群网络化发展

1.2.1 城市区域的崛起

自 1978 年改革开放以来，中国经历了前所未有的快速城市化和经济增长过程。然而，中国城市化和经济增长的空间分布并不均匀，这种增长主要集中在沿海省份和城市连片的地区（Fan，1997；Florida et al.，2008）。以长三角城市群为例，其以近 4%的国土面积，集聚了全国约 17%的人口，创造了全国近 1/4 的经济总量。同时，这些高度城市化的城市区域并不是单个城市的简单空间聚合，而是有密集的交通和通信技术网络，使得经济要素在地理空间上邻近的各个城市间密切流动，进而形成经济一体化的城市区域或者所谓蔓延的"城市星系"（Brenner and Schmid，2012）。就像 Friedmann 针对长三角所观察到的："相邻的城郊地区正在逐渐融合，创造出一个连续的城市空间，由高速列车和高速公路以及通信电缆提供服务，将这个巨大的城市空间整合到一个前所未有的居住空间"[①]（Friedmann，2019：17）。

学术界使用了不同术语来概念化这些新兴区域组织，包括"特大都市"（megalopolis）（Gottmann，1964）、"多中心城市区域"（polycentric urban region）（Kloosterman and Musterd，2001）、"全球城市区域"（global city-regions）（Scott，2001）、"中间城市"（zwischenstadt）（Sieverts，2003）、"大城市地区"（megapolitan areas）（Lang and Dhavale，2005）和"特大城市区"（mega-city region）（Hall and Pain，2006）。这些相关概念强调了区域形成的

---

① 原文为：Adjacent peri-urban zones are gradually becoming fused, creating a continuous urban space that is served by high-speed trains and super-highways as well as by communication cables that integrate this vasturban space into an unprecedented habitat for about one-tenth of China's population and morethan one fifth of its economic production.

具体动力，例如，特大城市区的概念强调特大城市的研发、高科技等功能已经向更大的城市区域扩散；而全球城市-区域概念将萨森（Sassen，1991）描述的全球城市概念扩展为区域单元，凸显了全球城市及其腹地对国家和全球体系的功能重要性。

城市区域的系列学术概念不仅为理解中国城市化的进程提供了科学框架，而且也"转化"为规范的政策框架。中国一直致力于发展城市群——一种兼具政治和经济性质的新空间组织形式——以适应中国城市人口不断增长的需要，并促进区域协调和环境可持续发展。总体而言，城市群的定义与城市区域的内涵非常吻合，可视为将这种城市区域组织的术语概念本土化。按照方创琳（2014）的定义，城市群被认为是在特定地域范围内，以1个以上特大城市为核心，由至少3个大城市为构成单元，依托发达的交通、通信等基础设施网络所形成的空间组织紧凑、经济联系紧密，并最终实现高度同城化和高度一体化的城市群体。自2006年《中华人民共和国国民经济和社会发展第十一个五年规划纲要》发布起，城市群被明确为国家推动城镇化的主体形态。这一概念在"新型城镇化"战略中再次被强化，被视为主要的空间治理载体。此后，众多得到官方或半官方认可的区域规划和城市群如雨后春笋般涌现（方创琳，2020）。

以长三角为例，自1982年国务院提出建立上海经济区开始，以上海为中心的长三角地区在城市职能分工、要素合理流动、基础设施连接、公共服务共享、生态保护协同等方面不断创新，不仅成为我国一体化发展程度较高的城市群，而且成为我国参与全球竞争的主要空间单元。2018年，习近平主席在首届中国国际进口博览会上宣布，"将支持长江三角洲区域一体化发展并上升为国家战略"[①]；2019年12月1日，中共中央、国务院发布《长江三角洲区域一体化发展规划纲要》，赋予了推动长三角一体化发展在国家现代化建设大局和全方位开放格局中举足轻重的战略地位。

---

① 习近平：共建创新包容的开放型世界经济——在首届中国国际进口博览会开幕式上的主旨演讲. http://jhsjk.people.cn/article/30383522[2024-08-30].

1.2.2 中国城市区域形成的塑造因素

中国特大城市区域的崛起呼应了"（新）城市区域主义"［（new）city regionalism］的内涵（Li and Wu，2018；Scott，1998；Ward and Jonas，2004）：随着全球化的推进，"区域经济的全球马赛克"（Scott，1998）应运而生，并开始充当全球经济的空间基础。"新城市区域主义"中的"新"意味着从领域嵌入的行政区域向"关系性和网络化"城市区域的转变（Amin，2004）。具体来说，中国新兴特大城市区域是经济全球化和区域专业化双重进程的产物。一方面，全球化进程导致先进服务业的战略控制职能日益集中于少数大城市，以此确保全球体系的顺利运转。因此，这些大城市通常被称为"世界城市"（Friedmann，1986）或"全球城市"（Sassen，1991），在全球经济的协调和控制中发挥着战略作用。另一方面，随着信息技术革命和依赖知识创造的生产形式的发展，以往仅集中在这些大城市的先进生产性服务活动可以分散到更广泛的城市，以确保经济活动的专业化，提供更好的生活环境。就长三角而言，上海是核心指挥和承担控制功能的主要节点、先进生产性服务业的中心和联通全球航空网络的门户，而其他服务和制造功能则分散在一系列的二级中心城市（如南京、杭州、苏州）以及区域内的小城市中。例如，苏州拥有大部分信息技术产业，并成为长三角高科技中心。

除了全球化和区位专业化的同步进程之外，中国城市区域的出现不应脱离特定的历史背景和行政性质。首先，在考虑城市区域的生成路径时，特定的历史背景显然很重要。Zhang（2015）研究了大珠三角城市区域形成的历史路径，提出珠三角的崛起应该被视为其长期轨迹的延续。具体来说，作为一个区域形态，珠三角的形成主要经过了三个阶段：19 世纪末至 20 世纪初的外来投资和需求推动工业化的历史时期，新中国成立后以重工业为主的中央计划时期，以及 1978 年以后由外资驱动的快速工业化时期。此外，珠三角内各个城市的一系列历史遗产（如香港的多元历史文化遗产、侨民海外投资和广州的文化遗产）也对区域形态的演变产生影响。其次，中国经济体系的行政属性反映了行政领域化的过程（Cartier，2015），这对于塑造城市区域非常重要。一方面，城市的行政等级（如副省级城市、地级市、县级市）在很大程度上决定了其行政经济权力以及在区域组织中的位置。级别更高的城市享有更大的财政和行政权力，享受中央和省级政府所颁布的更多优惠政策，而这些更大的权力和政策又使其能够吸引更多其他城市的资源和人员流入。例如，通过考察生产性服务业企业的区位选择发现，更多企业偏好将其地区总部设立在行政中心，而不是严格意义上的经济中心（如设立在济南而非青岛）。另一方面，分税制改革和中央-地方的权力架构强化了行政边界对要素流动的束缚作用。尽管城市区域主义在中国区域治理中扮演了重要角色（Li and Wu，2018），但中央政府权力下放政策促使"创业型地方政府"保护区域内经济活动并阻止资源流动，以及通过户籍制度约束劳动力的流动。

此外，尤为重要的是，地方政府在城际关系建构中发挥着不可替代的能动作用。从全球来看，各国都把治理合作看作打破行政藩篱、提升经济密度、缩小区域差异的重要政策工具（Kantor et al.，2012）。在我国，都市圈和城市群日益成为区域发展的主要空间载体，政府主导的城际联系（如干部调任和府际治理合作）正是实现这一发展目标的核心机制（方创琳，2017）。例如，以协议签署、政府互访、磋商会议等为代表的政府间合作能够对有关城市双方共同利益问题进行磋商，通过加强彼此合作形成互补关系、协调区域争端和利益分配、推动一体化发展措施落地，是一体化发展的保障。同时，以干部外地交流、跨地区任职为代表的干部异地调任能够增进城市间信息交流、推动城市在不同领域的合作，是区域管理的重要组织手段（王贤彬和徐现祥，2008）。

1.2.3　中国城市区域的国际比较

中国城市群可以被视为城市区域主义的中国实践。然而，同欧洲和北美的城市区域相比，中国城市区域的发展呈现出一些别样的特征。

（1）多中心城市区域的观察多基于欧洲案例，人口和经济增长模式并不完全遵循大城市的逻辑模式，而是中小城市功能互补，形成多中心城市区域（Dijkstra et al.，2013）。中国的城市群一般由较大的城市组成，且分布在更广泛的地理空间内。例如，按照《长江三角洲城市群发展规划》中的地理划分，长三角地区面积为 21.17 万平方千米，相当于整个英国的国土面积，且包括 26 个人口均超过 100 万的地级市。因此，从区域范围和组成上，中国城市区域具有特殊性。

（2）在行政空间重组（特别是分税制改革）的背景下（Ma，2005），城市的行政层级在很大程度上决定了其行政和经济权力，以及在区域组织中的位置（Sun et al.，2022）。另外，中国行政边界在塑造社会经济互动方面的影响较强。而在西欧和北美地区，"因为边界通常是多孔的，领域边界对本地和非本地力量流动的影响并不像边界一样绝对"（Ma，2005）。

（3）中国显著的区域差异阻碍了城市群内部的均衡发展（Wei，1999）。一个典型的例子是京津冀城市群内北京和天津与周边的欠发达地区存在巨大的发展差距，这种区域差异影响了核心城市的产业转移和扩散效应。

（4）从经济过程来看，"城市区域"的出现被认为是后工业化时代经济转型的空间结果。其中，先进服务业的区域扩展是城际联系的主要动因与表现形式。然而，中国城市群的塑造与制造业经济组织和产业互补密切相关（Pain and Hall，2008）。

（5）从区域治理来看，国外城市区域的出现与权力下放相对应，即"通过国家精心策划的再分配和社会供给在政治上构建而成"（Jonas，2012），而中国城市群建设和尺度重组等城市区域主义的逻辑被认为是国家对经济分权危机的回应（Wu，2016a）。此外，在中国行政空间重组的背景下（Ma，2005），国家权力的分散和调整导致城市企业家主义（Wu，2003）。

因此，中国城市群的形成机制更为复杂（顾朝林，2011）。新兴城市和城市区域创造的新鲜事物也需要更为科学地看待（Wu，2016b）。在此背景下，本书试图将城市网络的分析框架应用于中国案例，并特别强调中国城市区域的典型特征。

1.3 主要研究问题

城市网络研究的繁荣为理解全球化和信息化背景下城市区域的形成机制提供了新的范式，但中国特有的区域特征和制度背景使得中国城市群网络化发展具有特殊性和复杂性。本书以长三角城市群为研究对象，试图通过多重城际联系的视角，揭示城市网络的多重异构特征，从属性与网络共塑、层级与网络并存入手，探讨领域和网络的交互作用，并回应多中心发展的现实问题（图1-4）。具体来说，本书将着重回答三个主要研究问题。

（1）从多重联系的角度来看，长三角城市网络具有怎样异质的空间模式？这种多重性的影响因素如何？理解区域网络化发展的前提是调查城市网络的空间模式。因此，第二章从基础设施、人口流动、企业联系切入，对比三种视角下城际连接网络的差异，并通过探讨距离、GDP、人口和行政等级等一系列潜在因素是否对每个网络产生不同的影响，来回答城市网络多重性的影响因素。第三章从合作和竞争关系切入，探讨合作和竞争视角下城际关系的不同表现。此外，鉴于长三角的网络化发展并不局限于区域尺度，而是"全球-地方"互动的结果，第四章从外资企业入手探讨全球企业参与塑造长三角网络化的扩展。

（2）领域-网络互动的模式是怎样的？网络并非自由流动，而是受限于领域束缚，包括属性和层级的影响。因此，第五章基于网络数据进行长三角的区域划分，并同基于一系列经济、文化、环境和行政属性而形成的区划方案进行对比，回答"网络"和"属性"是如何共同塑造长三角区域空间组织的。第六章综合长三角核心—边缘的领域分层特点，从企业联系的视角剖析长三角区域网络化与层级构造并存的模式。

（3）长三角的多中心发育模式是怎样的？多中心发展被认为是长三角网络发育的核心特征之一（Hall and Pain，2006）。因此，本部分拟从多尺度性、区域范围演变和多中心治理入手，评估长三角的多中心结构。第七章通过长三角企业和全国企业的视角，透视长三角多中心在不同尺度视角下的表现形式。第八章通过提出"逐步多中心"的框架，衡量长三角区域扩展过程中形态与功能多中心的演变态势。第九章通过政府主导的府际合作与干部异地调任两个维度探讨长三角多中心治理问题。

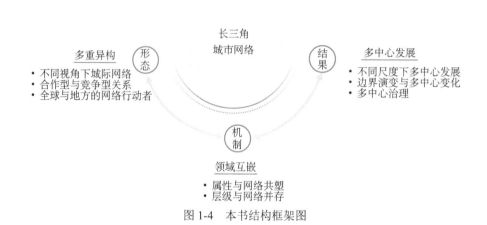

图 1-4　本书结构框架图

参|考|文|献

曹湛, 戴靓, 吴康, 等. 2022. 全球城市知识合作网络演化的结构特征与驱动因素. 地理研究, 41 (4): 1072-1091.

戴靓, 刘承良, 王嵩, 等. 2022. 长三角城市科研合作的邻近性与自组织性. 地理研究, 41 (9): 2499-2515.

杜超, 王姣娥, 刘斌全, 等. 2019. 城市道路与公共交通网络中心性对住宅租赁价格的影响研究——以北京市为例. 地理科学进展, 38 (12): 1831-1842.

方创琳. 2014. 中国城市群研究取得的重要进展与未来发展方向. 地理学报, 69 (8): 1130-1144.

方创琳. 2017. 京津冀城市群协同发展的理论基础与规律性分析. 地理科学进展, 36 (1): 15-24.

方创琳. 2020. 中国城市群地图集. 北京: 科学出版社.

顾朝林. 2022. 城市群研究进展与展望. 地理研究, 30 (5): 771-784.

焦敬娟, 王姣娥, 金凤君, 等. 2016. 高速铁路对城市网络结构的影响研究——基于铁路客运班列分析. 地理学报, 71 (2): 265-280.

李恩康, 陆玉麒, 杨星, 等. 2020. 全球城市网络联系强度的时空演化研究——基于 2014～2018 年航空客运数据. 地理科学, 40 (1): 32-39.

李迎成, 杨钰华, 马海涛. 2023. 邻近视角下长三角城市多尺度创新网络形成的微观机制. 地理学报, 78 (8): 2074-2091.

刘君德. 2004. 中国转型期凸现的"行政区经济"现象分析. 理论前沿, (10): 20-22.

罗震东, 朱查松. 2008. 解读多中心: 形态、功能与治理. 国际城市规划, 23 (1): 85-88.

马海涛, 胡夏青. 2022. 城市网络视角下的中国科技创新功能区划研究. 地理学报, 77 (12): 3104-3124.

宋小冬, 陶颖, 潘洁雯, 等. 2020. 城市街道网络分析方法比较研究: 以 Space Syntax、sDNA 和 UNA 为例. 城市规划学刊, (2): 19-24.

孙东琪, 陆大道, 孙斌栋, 等. 2022. 从网络描述走向网络绩效——"城市网络外部性"专辑序言. 地理研究, 41 (9): 2325-2329.

王成金. 2008. 全球集装箱航运的空间组织网络. 地理研究, 27 (3): 636-648.

王姣娥, 景悦. 2017. 中国城市网络等级结构特征及组织模式——基于铁路和航空流的比较. 地理学报, 72 (8): 1508-1519.

王贤彬, 徐现祥. 2008. 地方官员来源、去向、任期与经济增长——来自中国省长省委书记的证据. 管理世界, (3): 16-26.

王雪微, 赵梓渝, 曹卫东, 等. 2021. 长三角城市群网络特征与省际边界效应——基于人口流动视角. 地理研究, 40 (6): 1621-1636.

薛德升, 邹小华. 2018. 基于中资商业银行全球空间扩展的世界城市网络及其影响因素. 地理学报, 73 (6): 989-1001.

杨宇. 2022. 中国与全球能源网络的互动逻辑与格局转变. 地理学报, 77 (2): 295-314.

姚常成, 吴康. 2022. 集聚外部性、网络外部性与城市创新发展. 地理研究, 41 (9): 2330-2349.

赵渺希, 黎智枫, 钟烨, 等. 2016. 中国城市群多中心网络的拓扑结构. 地理科学进展, 35 (3): 376-388.

钟业喜, 陆玉麒. 2011. 基于铁路网络的中国城市等级体系与分布格局. 地理研究, 30 (5): 785-794.

周黎安. 2007. 中国地方官员的晋升锦标赛模式研究. 经济研究, (7): 36-50.

Abel G J, Sander N. 2014. Quantifying global international migration flows. Science, 343 (6178): 1520-1522.

Alderson A S, Beckfield J. 2004. Power and position in the world city system. American Journal of Sociology, 109 (4): 811-851.

Alderson A S, Beckfield J, Sprague-Jones J. 2010. Intercity relations and globalisation: The evolution of the global urban hierarchy, 1981–2007. Urban Studies, 47 (9): 1899-1923.

Alonso W. 1973. National Interregional Demographic Accounts: A Prototype. https://escholarship. org/uc/item/1c10s9hz[2024-05-30].

Amin A. 2004. Regions unbound: Towards a new politics of place. Geografiska Annaler: Series B, Human Geography, 86 (1): 33-44.

Barabási A L, Albert R. 1999. Emergence of scaling in random networks. Science, 286 (5439): 509-512.

Batten D F. 1995. Network cities: Creative urban agglomerations for the 21st century. Urban Studies, 32 (2): 313-327.

Boix R, Trullén J. 2007. Knowledge, networks of cities and growth in regional urban systems. Papers in Regional Science, 86 (4): 551-574.

Brenner N, Schmid C. 2012. Planetary urbanisation//Gandy M. Urban Constellations. Berlin: Jovis, 10-13.

Brezzi M, Veneri P. 2015. Assessing polycentric urban systems in the OECD: Country, regional and metropolitan perspectives. European Planning Studies, 23 (6): 1128-1145.

Burger M J, Meijers E J. 2012. Form follows function? Linking morphological and functional polycentricity. Urban Studies, 49 (5): 1127-1149.

Burger M J, Meijers E J, van Oort F G. 2014. Multiple perspectives on functional coherence: heterogeneity and multiplexity in the Randstad. Tijdschrift voor economische en sociale geografie, 105 (4): 444-464.

Capello R, Camagni R. 2000. Beyond optimal city size: An evaluation of alternative urban growth patterns. Urban Studies, 37 (9): 1479-1496.

Cartier C. 2013. What's territorial about China? From geopolitical narratives to the "administrative area economy". Eurasian Geography and Economics, 54 (1): 57-77.

Cartier C. 2015. Territorial urbanization and the party-state in China. Territory, Politics, Governance, 3 (3): 294-320.

Castells M. 1996. The Rise of the Network Society. Oxford: Blackwell.

Castells M. 1999. Grassrooting the space of flows. Urban Geography, 20 (4): 294-302.

Castells M. 2009. The Rise of the Network Society. Malden, MA: Wiley-Blackwell.

Choi J H, Barnett G A, Chon B S. 2006. Comparing world city networks: A network analysis of internet backbone and air transport intercity linkages. Global Networks, 6 (1): 81-99.

Christaller W. 1933. Die Zentralen Orte in Süddeutschland. Darmstadt: Wissenschaftliche Buchgesellschaft.

Dai L, Derudder B, Liu X, et al. 2016. Simulating infrastructure networks in the Yangtze River Delta (China) using generative urban network models. Belgeo. Revue belge de géographie, (2): 1-22.

de Goei B, Burger M J, van Oort F G, et al. 2010. Functional polycentrism and urban network development in the Greater South East, United Kingdom: Evidence from Commuting Patterns, 1981–2001. Regional Studies, 44 (9): 1149-1170.

Derudder B, Liu X, Kunaka C, et al. 2014. The connectivity of South Asian cities in infrastructure networks. Journal of Maps, 10 (1): 47-52.

Derudder B, Taylor P. 2018. Central flow theory: Comparative connectivities in the world-city network. Regional Studies, 52 (8): 1029-1040.

Derudder B, Taylor P, Ni P, et al. 2010. Pathways of change: Shifting connectivities in the world city network, 2000-08. Urban Studies, 47 (9): 1861-1877.

Dijkstra L, Garcilazo E, McCann P. 2013. The economic performance of european cities and city regions: Myths and realities. European Planning Studies, 21 (3): 334-354.

Ducruet C, Ietri D, Rozenblat C. 2011. Cities in worldwide air and sea flows: A multiple networks analysis. Cybergeo: European Journal of Geography, 23603.

Ducruet C, Notteboom T. 2012. The worldwide maritime network of container shipping: Spatial structure and regional dynamics. Global Networks, 12 (3): 395-423.

Duranton G, Puga D. 2004. Micro-foundations of urban agglomeration economies//Henderson J

V, Thisse J F. Handbook of Regional and Urban Economics. Amsterdam: Elsevier: 2063-2117.

Enault C. 2012. Simulation de l'étalement urbain de Dijon en 2030 : Approche systémique de la dynamique gravitaire ville-transport. Cybergeo: European Journal of Geography, 25157.

ESPON Monitoring Committee. 2007. ESPON project 1.4.3: Study on urban functions. https://www.espon.eu/programme/projects/espon-2006/studies-and-scientific-support-projects/study-urban-functions[2024-04-20].

Fan C C. 1997. Uneven development and beyond: Regional development theory in post-Mao China. International Journal of Urban and Regional Research, 21 (4): 620-639.

Florida R, Gulden T, Mellander C. 2008. The rise of the mega-region. Cambridge Journal of Regions, Economy and Society, 1 (3): 459-476.

Friedmann J. 1986. The world city hypothesis. Development and Change, 17 (1): 69-83.

Friedmann J. 2019. Thinking about complexity and planning. International Planning Studies, 24 (1): 13-22.

Goddard J B. 1970. Functional regions within the city centre: A study by factor analysis of taxi flows in central London. Transactions of the Institute of British Geographers, 49: 161-182.

Gordon P, Richardson H W. 1996. Beyond polycentricity: The dispersed metropolis, Los Angeles, 1970-1990. Journal of the American Planning Association, 62 (3): 289-295.

Gottmann J. 1964. Megalopolis: The Urbanized Northeastern Seaboard of the United States. The MIT Press.

Green N. 2007. Functional polycentricity: A formal definition in terms of social network analysis. Urban Studies, 44 (11): 2077-2103.

Hall P, Pain K. 2006. The Polycentric Metropolis: Learning From Mega-city Regions in Europe. London: Routledge.

Hanssens H, Derudder B, van Aelst S, et al. 2014. Assessing the functional polycentricity of the mega-city-region of central belgium based on advanced producer service transaction links. Regional Studies, 48 (12): 1939-1953.

Harrison J. 2013. Configuring the new 'regional world': On being caught between territory and networks. Regional Studies, 47 (1): 55-74.

Hendriks F. 2006. Shifts in governance in a polycentric urban region: The case of the Dutch

Randstad. International Journal of Public Administration, 29 (10-11): 931-951.

Hennemann S, Derudder B, Taylor P J. 2015. Cutting the gordian knot of visualizing dense spatial networks: The case of the world city network, 2013. Environment and Planning A: Economy and Space, 47 (6): 1332-1340.

Holten D, van Wijk J J. 2009. Force-directed edge bundling for graph visualization. Computer Graphics Forum, 28 (3): 983-990.

Hudson R. 2007. Regions and regional uneven development forever? Some reflective comments upon theory and practice. Regional Studies, 41 (9): 1149-1160.

Jacobs J. 1969. The Economy of Cities. New York: Vintage.

Jacobs J. 1985. Cities and the Wealth of Nations: Principles of Economic Life. New York: Vintage.

Jessop B, Brenner N, Jones M. 2008. Theorizing sociospatial relations. Environment and Planning D: Society and Space, 26 (3): 389-401.

Jonas A E G. 2012. City-regionalism: Questions of distribution and politics. Progress in Human Geography, 36 (6): 822-829.

Kang C, Ma X, Tong D, et al. 2012. Intra-urban human mobility patterns: An urban morphology perspective. Physica A: Statistical Mechanics and its Applications, 391 (4): 1702-1717.

Kantor P, Lefèvre C, Saito A, et al. 2012. Struggling Giants: City-region Governance in London, New York, Paris, and Tokyo. Minneapolis: University of Minnesota Press.

Kloosterman R C, Musterd S. 2001. The polycentric urban region: Towards a research agenda. Urban Studies, 38 (4): 623-633.

Krätke S. 2014. How manufacturing industries connect cities across the world: Extending research on "multiple globalizations". Global Networks, 14 (2): 121-147.

Krings G, Calabrese F, Ratti C, et al. 2009. Urban gravity: A model for inter-city telecommunication flows. Journal of Statistical Mechanics: Theory and Experiment, 2009 (7): L07003.

Lambregts B W. 2009. The Polycentric Metropolis Unpacked: Concepts, Trends and Policy in the Randstad Holland. Amsterdam: Amsterdam Institute for Metropolitan and International Development Studies.

Lang R E, Dhavale D. 2005. America's megapolitan areas. Land Lines, 17 (3): 1-4.

Li D, Wei Y D, Wang T. 2015. Spatial and temporal evolution of urban innovation network in China. Habitat International, 49: 484-496.

Li Y, Wu F. 2013. The emergence of centrally initiated regional plan in China: A case study of Yangtze River Delta Regional Plan. Habitat International, 39: 137-147.

Li Y, Wu F. 2018. Understanding city-regionalism in China: Regional cooperation in the Yangtze River Delta. Regional Studies, 52 (3): 313-324.

Limtanakool N, Schwanen T, Dijst M. 2009. Developments in the Dutch urban system on the basis of flows. Regional Studies, 43 (2): 179-196.

Liu X, Derudder B. 2012. Two-mode networks and the interlocking world city network model: A reply to neal. Geographical Analysis, 44 (2): 171-173.

Liu X, Derudder B, Liu Y, et al. 2013. A stochastic actor-based modelling of the evolution of an intercity corporate network. Environment and Planning A: Economy and Space, 45 (4): 947-966.

Liu X, Derudder B, Liu Y. 2015. Regional geographies of intercity corporate networks: The use of exponential random graph models to assess regional network-formation. Papers in Regional Science, 94 (1): 109-127.

Liu X, Derudder B, Wu K. 2016. Measuring polycentric urban development in China: An intercity transportation network perspective. Regional Studies, 50 (8): 1302-1315.

Ma L J C. 2005. Urban administrative restructuring, changing scale relations and local economic development in China. Political Geography, 24 (4): 477-497.

Ma X, Timberlake M F. 2008. Identifying China's leading world city: A network approach. GeoJournal, 71 (1): 19-35.

Meijers E J, Burger M J. 2010. Spatial structure and productivity in us metropolitan areas. Environment and Planning A: Economy and Space, 42 (6): 1383-1402.

Meijers E J, Burger M J. 2015. Stretching the concept of "borrowed size". Urban Studies, 54 (1): 269-291.

Neal Z P. 2011. From central places to network bases: A transition in the US urban hierarchy, 1900–2000. City & Community, 10 (1): 49-75.

Neal Z P. 2013. The Connected City: How Networks are Shaping the Modern Metropolis. New York: Routledge.

Neal Z P. 2014. The devil is in the details: Differences in air traffic networks by scale, species, and season. Social Networks, 38: 63-73.

Newman M, Barabási A L, Watts D J. 2011. The Structure and Dynamics of Networks. Princeton, NJ: Princeton University Press.

Nie W P, Cai S M, Zhao Z D, et al. 2023. Examining the impact of urban-rural spatial structure on mobility networks: A case study of taxis. Cities, 141: 104512.

Pain K. 2008. Examining "core–periphery" relationships in a global city-region: The case of London and South East England. Regional Studies, 42 (8): 1161-1172.

Pain K, Hall P. 2008. Informational quantity versus informational quality: The Perils of navigating the space of flows. Regional Studies, 42 (8): 1065-1077.

Pan F, Bi W, Lenzer J, et al. 2017. Mapping urban networks through inter-firm service relationships: The case of China. Urban Studies, 54 (16): 3639-3654.

Parr J B. 2002. Agglomeration economies: Ambiguities and confusions. Environment and Planning A: Economy and Space, 34 (4): 717-731.

Pflieger G, Rozenblat C. 2010. Introduction. Urban networks and network theory: The city as the connector of multiple networks. Urban Studies, 47 (13): 2723-2735.

Pred A. 1984. Place as historically contingent process: Structuration and the time-geography of becoming places. Annals of the Association of American Geographers, 74 (2): 279-297.

Preston R E. 1971. The structure of central place systems. Economic Geography, 47 (2): 136.

Puga D. 2010. The magnitude and causes of agglomeration economies. Journal of Regional Science, 50 (1): 203-219.

Sassen S. 1991. The Global City: New York, London, Tokyo. Princeton, NJ: Princeton University Press.

Sassen S. 2001. The Global City. New York, London, Tokyo (2nd edition). Princeton, NJ: Princeton University Press.

Schnettler S. 2009. A structured overview of 50 years of small-world research. Social Networks, 31 (3): 165-178.

Scott A J. 1998. Regions and the World Economy: The Coming Shape of Global Production, Competition, and Political Order. New York: Oxford University Press.

Scott A J. 2001. Global City-regions: Trends, Theory, Policy. New York: Oxford University Press.

Selassie D, Heller B, Heer J. 2011. Divided edge bundling for directional network data. IEEE Transactions on Visualization and Computer Graphics, 17 (12): 2354-2363.

Shearmur R, Doloreux D. 2015. Central places or networks? Paradigms, metaphors, and spatial configurations of innovation-related service use. Environment and Planning A: Economy and Space, 47 (7): 1521-1539.

Sieverts T. 2003. Cities without Cities: An Interpretation of the Zwischenstadt. London: Routledge.

Sigler T. 2013. Relational cities: Doha, Panama City, and Dubai as 21st century entrepôts. Urban Geography, 34 (5): 612-633.

Sigler T, Martinus K, Matous P. 2021. The role of proximity and distance in inter-urban networks//Neal Z P, Rozenblat C. Handbook of Cities and Networks. Cheltenham: Edward Elgar Publishing: 239-251.

Sigler T, Neal Z P, Martinus K. 2023. The brokerage roles of city-regions in global corporate networks. Regional Studies, 57 (2): 239-250.

Smith D A, Timberlake M F. 2001. World city networks and hierarchies, 1977-1997: An empirical analysis of global air travel links. American Behavioral Scientist, 44 (10): 1656-1678.

Söderbaum F, Taylor I. 2008. Considering micro-regionalism in Africa in the twenty-first century//Söderbaum F, Taylor I. Afro-regions: The Dynamic of Cross-border Micro-regionalsim in Africa. Stockholm: Elanders Sverige: 13-34.

Sun B, Liu P, Zhang W, et al. 2022. Unpacking urban network as formed by client service relationships of law firms in China. Cities, 122: 103546.

Taylor P J. 2001a. Specification of the world city network. Geographical Analysis, 33 (2): 181-194.

Taylor P J. 2001b. Urban hinterworlds: Geographies of corporate service provision under conditions of contemporary globalisation. Geography, 86 (1): 51-60.

Taylor P J, Derudder B. 2015. World City Network: A Global Urban Analysis. London: Routledge.

Taylor P J, Derudder B, Hoyler M, et al. 2013. New regional geographies of the world as practised by leading advanced producer service firms in 2010. Transactions of the Institute of British Geographers, 38 (3): 497-511.

Taylor P J, Evans D M, Pain K. 2008. Application of the interlocking network model to mega-city-regions: Measuring polycentricity within and beyond city-regions. Regional Studies, 42 (8): 1079-1093.

Taylor P J, Hoyler M, Verbruggen R. 2010. External urban relational process: Introducing central flow theory to complement central place theory. Urban Studies, 47 (13): 2803-2818.

Tobler W R. 1970. A computer movie simulating urban growth in the detroit region. Economic Geography, 46 (sup1): 234-240.

van Houtum H, Lagendijk A. 2001. Contextualising regional identity and imagination in the construction of polycentric urban regions: The cases of the Ruhr Area and the Basque Country. Urban Studies, 38 (4): 747-767.

Veneri P. 2010. Urban polycentricity and the costs of commuting: Evidence from Italian metropolitan areas. Growth and Change, 41 (3): 403-429.

Wall R S, van der Knaap G A. 2011. Sectoral differentiation and network structure within contemporary worldwide corporate networks. Economic Geography, 87 (3): 267-308.

Wang J, Jin F, Mo H, et al. 2009. Spatiotemporal evolution of China's railway network in the 20th century: An accessibility approach. Transportation Research Part A: Policy and Practice, 43 (8): 765-778.

Wang W, Wang Y P, Kintrea K. 2020. The (re) making of polycentricity in China's planning discourse: The case of Tianjin. International Journal of Urban and Regional Research, 44 (5): 857-875.

Ward K, Jonas A E G. 2004. Competitive city-regionalism as a politics of space: A critical reinterpretation of the new regionalism. Environment and Planning A: Economy and Space, 36 (12): 2119-2139.

Wei Y D. 1999. Regional inequality in China. Progress in Human Geography, 23 (1): 49-59.

Witlox F. 2011. On transport and other infrastructure knitting regions together//A V R. Polycentric Regions Facing Global Challenges: A Role for Strategic Spatial Planning-

Conference Proceedings. Brussels: Department of Spatial Planning, Housing Policy and Immovable Heritage: 186-193.

Wood J, Dykes J, Slingsby A. 2010. Visualisation of origins, destinations and flows with OD maps. The Cartographic Journal, 47 (2): 117-129.

Wu F. 2003. The (post-) socialist entrepreneurial city as a state project: Shanghai's reglobalisation in question. Urban Studies, 40 (9): 1673-1698.

Wu F. 2016a. China's emergent city-region governance: A new form of state spatial selectivity through state-orchestrated rescaling: China's emergent city-region governance. International Journal of Urban and Regional Research, 40 (6): 1134-1151.

Wu F. 2016b. Emerging Chinese cities: Implications for global urban studies. The Professional Geographer, 68 (2): 338-348.

Wu W, Wang J, Dai T, et al. 2018. The geographical legacies of mountains: Impacts on cultural difference landscapes. Annals of the American Association of Geographers, 108 (1): 277-290.

Xu J. 2008. Governing city-regions in China: Theoretical issues and perspectives for regional strategic planning. The Town Planning Review, 79 (2-3): 157-185.

Zhang F, Ning Y, Lou X. 2021. The evolutionary mechanism of China's urban network from 1997 to 2015: An analysis of air passenger flows. Cities, 109: 103005.

Zhang W, Derudder B, Wang J, et al. 2018. Regionalization in the Yangtze River Delta, China, from the perspective of inter-city daily mobility. Regional Studies, 52 (4): 528-541.

Zhang X. 2015. Globalisation and the megaregion: investigating the evolution of the Pearl River Delta in a historical perspective//Harrison J, Hoyler M. Megaregions: Globalisation's New Urban Forms? Cheltenham, UK and Northampton, MA: Edward Elgar, 175-199.

Zhao K, Musolesi M, Hui P, et al. 2015. Explaining the power-law distribution of human mobility through transportation modality decomposition. Scientific Reports, 5 (1): 9136.

第二章　多重视角：长三角城市网络的结构与驱动因素

从不同视角看待城际功能联系可以构建出多种形式的城市网络。Burger 等（2014）将这种形式多样性描述为"城市网络的多重性"（multiplexity of urban network），并提出两个主要观点来解释这一概念的重要性。首先，尽管城市之间不同类型的功能联系可能存在相关性，但这些功能联系之间未必具有相同的空间结构和拓扑结构；其次，城市在不同类型的功能联系中扮演着不同的角色。虽然城市网络的多重性已得到广泛认可（Lambregts et al., 2005；戴靓等，2020），但专门研究不同类型城市网络间关系的实证研究相对较少。部分学者通过对比不同网络探讨了网络结构的差异和相似性，如互联网骨干网络与航空运输城际联系（Choi et al., 2006），全球航空和海运交通流动（Ducruet et al., 2011），全球航空网络和全球服务业联系（Taylor et al., 2007），长途客运汽车、高铁和航班等多元交通流（王姣娥等，2019），商务旅行、购物、受过高等教育和受教育程度较低的劳动力通勤流动（Burger et al., 2014），以及物质、功能和知识流动（Cao et al., 2018；马海涛，2020），等等案例研究。

本章揭示长三角城市群不同城市网络的结构差异，并探讨这种结构差异背后的驱动因素。长三角城市网络由交通基础设施联系、生产性服务业公司商务联系和城际出行人口流动这三种类型的联系构成。其中，交通基础设施联系整合了火车和公共汽车联系；生产性服务业公司商务联系由生产性服务业公司的总部—分支信息映射得到；城际出行人口流动数据源自微博签到记录。根据对城市网络潜在影响因素的相关文献回顾（Tobler，1970；Black，1972；李仙德，2014；Zhang et al.，2018），本章聚焦 8 个潜在影响因素：距离、GDP、人口、行政边界、地形接近度、文化相似性、经济联盟和行政等级。并且，为探讨这些潜在影响因素对三种网络形成的不同作用，本章采用了网络相关和网络回归的分析框架（Krackhardt，1988）。

2.1　长三角的三种城市网络

本节聚焦长三角城市群的三种城市网络，即交通基础设施联系网络（交通联系网络）、生产性服务业公司商务联系网络（商务联系网络）和城际出行人口流动网络（城际出行网络）。选择这些网络的原因是，它们分别代表了中国基础设施联系的主要形式和 Castells（1996）"流动空间"中主要流动表征。已有研究详细讨论了这些网络的构建方式：Derudder 等（2014）提出了构建综合交通基础设施网络的可操作方案；Taylor 和 Derudder（2015）设计了构造商务联系网络的方法；Zhang 等（2018）引入了从社交媒体签到记录映射城际出行网络的方法。根据 2019 年国务院印发的《长江三角洲区域一体化发展规划纲要》中对长三角城市群范围的界定（含 41 个城市），本章应用这些方法构建出三种长三角城市群 41×41 的城际联系网络，并比较了不同网络在城市联系强度、城市对联系强度以及网络结构方面的异同。

2.1.1　网络构建和数据收集

1. 交通联系网络

交通基础设施连接是城际联系的常用测度方式，特别是在国家和区域尺度（Derudder et al.，2014；Liu et al.，2016；焦敬娟等，2016）。结合区域尺度人口流动所依赖的两种主要交通方式——铁路和公共汽车，本节构建了长三角交通联系网络。铁路和公共汽车联系强度根据两个城市间每日直达列车和公共汽车的数量来衡量。由于缺乏可靠的数据来源，无法测度两种交通联系的相对重要性，因此，本节通过赋予这两种联系同等权重并采取相加的方法来构建综合交通网络，即综合交通网络中的城市对联系强度（即城际联系强度）等于铁路网络和公共汽车网络中的城市对联系强度之和。此外，使用离差标准化法对两个数据集中的联系强度进行标准化处理，0 代表最小联系强度，1 代表最大联系强度。火车和公共汽车时刻表数据分别从中国铁路12306（https://www.12306.cn）和票价搜索引擎（https://www.piaojia.cn）爬取，数据收集于 2017 年 1 月。同时，为提高数据的准确性，公共汽车数据还与其他数据库（如 www.checi.cn）进行相互对照。最后，通过将城市对之间的联系强度进行均值化处理，交通联系网络被转换成对称网络。

2. 商务联系网络

生产性服务业公司通过在不同城市设立办事处来管理和组织业务，并扩大其市场范围。因此，生产性服务业公司的区位战略可用于估算不同城市间企业内部知识的流动。GaWC 设计的链锁网络模型，是一种基于公司在城市中的共现关系来计算城市之间联系强度的模型（Taylor and Derudder，2015）。虽然这一方法最初被用于研究全球范围的城市网络，但是其在国家尺度（Zhao et al.，2015）和区域尺度（Zhang and Kloosterman，2016）也同样适用。在具体操作中，使用链锁网络模型需要筛选城市和公司，并基于城市中企业部门的重要性确定其服务值，最终结果是生成包含 n 个城市 m 个公司的服务值矩阵。对于生产性服务业企业，本节选取了 2013 年 8 个主要的生产服务行业（即会计、广告、管理咨询、法律、银行、保险、证券和信托）的领先企业，企业排名信息来源于部门协会发表的年度报告。鉴于其中一些公司没有在官方网站上提供主要服务办事处所在地的信息，本章最终共确定 247 家公司，包括：50 家会计师事务所、41 家广告公司、23 家管理咨询公司、35 家律师事务所、21 家银行公司、26 家保险公司、30 家证券公司和 21 家信托公司。

依照 GaWC 研究中服务价值的确定规则，根据公司规模（如律师事务所的从业人员人数）及其职能（如总部职能）对服务价值进行标准化，分为 6 个级别，服务价值范围为 [0，5]。其中，5 表示全国性总部；4 表示区域性总部；2 表示一般性办事处；如果该办事处的规模较大、能处理多种业务，则将其赋值为 3；如果该办事处的规模较小，业务类型单一，则将其赋值为 1。

根据城市服务价值矩阵，城市 a 和 b 之间的商务联系强度 CDC_{ab} 计算如下：

$$CDC_{ab} = \sum_{j=1}^{m} V_{aj} \times V_{bj} \qquad (2\text{-}1)$$

式中，V_{aj}、V_{bj} 分别是 j 公司在城市 a 和 b 的"服务值"。

其整体联系强度 GNC_a 由聚合城市 a 与网络内其他所有城市的连接值得到：

$$GNC_a = \sum_b CDC_{ab} \qquad (2\text{-}2)$$

3. 城际出行网络

由于常规统计方法获取大规模人口流动数据较为困难，而社交媒体广泛被使用，其签到记录蕴含了个人流动信息，因此，笔者采用 Zhang 等（2018）提出的一种从不同城市微博用户连续多个签到信息中提取城际出行数据的方法，使用微博的应用程序编程接口（application programming interface，API），于 2014 年 1 月至 11 月系统收集了长三角区域的 703 万用户提交的 5352 万条微博签到记录[①]。这些记录提供了与地理标记相关的时间和空间（地理坐标）信息，本节将用户在 48 小时内地理标记的不同城市连接起来，作为一个有效的城际旅行记录。将此转换规则应用于数据集时，共生成了 41 个城市间 54 万次的人口流动记录。以往研究表明，社交媒体签到会偏向于休闲和旅游活动（Liu et al.，2014）。因此，微博记录中衍生的移动网络更多表征了休闲人口城际出行。

---

① 本章数据包括微博签到信息和企业-城市二模网络矩阵，由笔者课题组系统收集，更新存在一定难度。但本章主要分析三种视角下长三角网络结构差异，对数据时效性的依赖度不高，所得结论反映了长三角城市群三种网络联系的空间特征与差异化的影响因素。

2.1.2 三种网络的比较

为了统一量纲，对于每个城市和城市对，本节均采用离差标准化法来处理每种网络中的联系强度。图 2-1 展示了三种网络，其中，线条粗细程度表示城际（城市对）联系强度大小；节点大小表示城市的总联系强度（即城际联系强度的总和）。表 2-1 展示了排名前 10 的城市和城市对。图 2-2 为城市和城市对联系强度的位序规模分布图，可以显示三个网络之间存在的结构差异。

如图 2-1 和表 2-1 所示，交通联系网络展现了以下特点。首先，地理上邻近的城市之间展现出较强的联系。在排名前 10 的城市对中，有 6 对城市在空间上相邻，剩余 4 对城市空间距离也较短。其次，省界对城际流动的阻碍效应相当明显。在排名前 10 的城市对中仅有 1 对城市（上海-苏州）跨越了省界。此外，苏州的联系强度也十分突出，这与其位于长三角区域北部的地理中心的区位有关。商务联系网络中最明显的特征是，上海、南京、杭州和合肥 4 个省会城市（直辖市）之间联系紧密，这凸显了经济规模和行政力量在塑造商务联系中的重要性。同时，宁波作为副省级城市和重要的经济中心，也与这些省会城市紧密相连。城际出行网络的骨干联系由上海与苏州、杭州、湖州等周边城市的联系构成。这些周边城市凭借各自所拥有的发达的旅游资源，成为上海的"后花园"。

尽管三种城市网络均符合幂律分布，但它们之间的结构差异非常明显。其中，交通联系网络是一个相对扁平的网络，而城际出行网络层级特征最为显著。这主要是因为，交通基础设施联系的发展主要由政府设计规划，他们不仅要考虑获得更多的服务和（或）更大劳动力市场，还须符合促进区域协调一体化发展的要求。这点在我国尤为明显，缩小地区差距一直是中国各级政府的主要目标之一（Fan，1997）。换言之，交通基础设施联系往往反映支撑城际联系的"供应层"，而商务联系和人口城际出行往往反映城际联系的实际"需求层"。

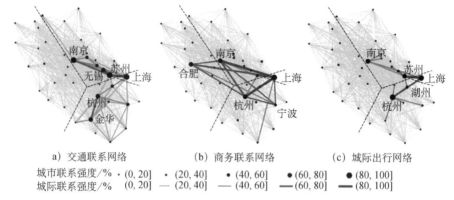

a) 交通联系网络 　　(b) 商务联系网络 　　(c) 城际出行网络

城市联系强度/% · (0, 20] · (20, 40] ● (40, 60] ● (60, 80] ● (80, 100]
城际联系强度/% (0, 20] — (20, 40] — (40, 60] —(60, 80] —(80, 100]

图 2-1　长三角城市群三种城市网络

表 2-1　三种网络联系强度排名前 10 的城市和城市对

排名	城市			城市对		
	交通联系网络	商务联系网络	城际出行网络	交通联系网络	商务联系网络	城际出行网络
1	上海	上海	上海	上海-苏州	上海-杭州	上海-苏州
2	苏州	南京	杭州	苏州-无锡	上海-南京	杭州-嘉兴
3	南京	杭州	苏州	南京-苏州	南京-杭州	上海-杭州
4	无锡	合肥	南京	杭州-金华	上海-合肥	上海-嘉兴
5	杭州	宁波	嘉兴	南京-镇江	上海-宁波	苏州-无锡
6	金华	苏州	无锡	杭州-嘉兴	南京-合肥	杭州-绍兴
7	常州	无锡	合肥	苏州-常州	杭州-合肥	上海-南京
8	镇江	温州	常州	无锡-常州	南京-宁波	无锡-常州
9	宁波	南通	宁波	苏州-镇江	杭州-宁波	南京-苏州
10	嘉兴	绍兴	绍兴	南京-无锡	上海-苏州	南京-镇江

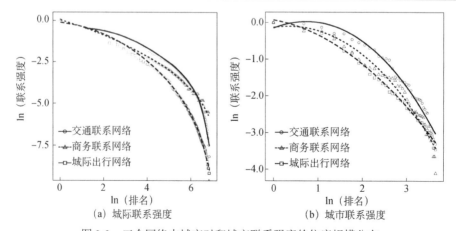

(a) 城际联系强度　　　　　　　　(b) 城市联系强度

图 2-2　三个网络中城市对和城市联系强度的位序规模分布

2.2 模 型 设 定

2.2.1 解释变量的选择

本节纳入了塑造城市网络结构的 8 个潜在因素：距离、GDP、人口、行政边界、地形接近度、文化相似性、经济联盟和行政等级。这些因素的选择基于塑造城市网络结构的三种主要机制，即空间相互作用、空间破碎化和行政因素。图 2-3 阐述了这些变量影响网络结构的机制。首先，根据对空间相互作用的基本理解（Tobler，1970），城际联系强度被认为与城市规模成正比，与城市之间的距离成反比。因此，本节纳入了在模拟城市网络时被广泛应用的三种重力型因素，即距离、GDP 和人口（如 Black，1972；Liu et al.，2014）。其次，长三角地形、经济、文化、行政空间的破碎化发展特征相当明显，对塑造区域的形成具有潜在影响。鉴于此，本节引入了行政边界、地形接近度、文化相似性和经济联盟等 4 种同质性因素。这些因素对长三角区域结构的潜在影响在以往文献中已被详细探讨（Zhang et al.，2018）。最后，在中国行政空间的权力下放和重组的背景下（Ma，2005），城市的行政等级深刻影响了城际联系的模式，因此将行政等级等也纳入研究中。

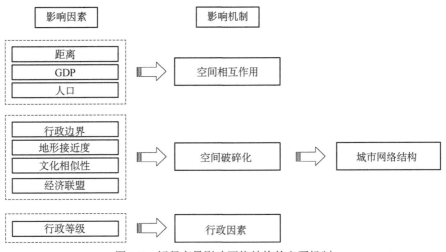

图 2-3　解释变量影响网络结构的主要机制

1. 距离（Distance）

虽然理论上距离显然会对城际联系产生负向影响，但三种网络中城际联系在多大程度上受距离影响仍有待探究。本节采用城市间欧氏距离构建距离变量矩阵。

2. 地区生产总值（GDP）

城市的经济表现一方面能够使它拥有更多的机会与其他城市建立联系，另一方面也影响了与其他城市的联系需求。本节采用 GDP 来衡量城市的经济规模，并假定 GDP 在三种网络中的影响均是正向，根据两城市 GDP 的乘积创建该变量矩阵。GDP 数据来自《中国城市统计年鉴 2015》。

3. 人口（Population）

人口被广泛用作衡量城市重要性的指标。如果一个城市拥有较多的人口，就意味着其拥有更大的商业市场以及更多的交通基础设施需求，从而催生出更多的城际出行。本节根据两个城市人口的乘积构建该变量矩阵。人口规模数据来自《中国城市统计年鉴 2015》。

4. 行政边界（Administrative borders）

交通基础设施的发展是由中央和地方（省级）政府共同组织规划的，因此，省政府具有较大的动力来改善省内交通基础设施网络（王姣娥等，2019；陈伟等，2015）。同时，行政边界也会对商务网络产生潜在影响。在中央权力下放政策背景下，地方政府倾向于保护当地公司和产业。此外，行政边界被发现在某种程度上限制了农民工和居民的自由流动（王雪微等，2021）。基于此，本节引入一个二进制虚拟变量来模拟（省际）行政边界的效果。若一个城市对为跨省级的城市对，则赋值为 0；反之则赋值为 1。

5. 地形接近度（Landform contiguity）

地形是影响城际流动的潜在重要因素。例如，同属同一地貌单元会显著改善城际通达性（Zhang et al.，2018）。本节同样引入一个二进制虚拟变量来界定两城市是否同属一块地形区域，分别取值 1 和 0 来表示两个城市间存在与不存在地形一致性。长三角的地形特征数据主要来自于浙江省政府网站上的描述和安徽、江苏两省的"主体功能区规划"，统计得到共 14 个主要地形区（表 2-2）。

6. 文化相似性（Cultural affinities）

文化因素在塑造城市联系形成方面同样具有潜在作用（唐锦玥等，2020）。已有研究表明文化相似和社会相互作用往往同时发生（van Houtum and Lagendijk，2001）。因此，文化相似性对城际出行网络的影响被认为最明显。也有研究表明文化亲和力对当地商务网络存在影响（Redding，2000）。例如，以家族式小企业为核心的温州私营企业的发展依赖于当地强大的体制和浓烈的文化（叶子航，2019）。本节将语言亲和力作为文化相似性的重要组成部分，引入虚拟变量 1 和 0 来反映城市对中两个城市是否使用相同的方言，其中 1 表示两个城市使用相同的方言。原始数据取自《中国语言地图集（第 2 版）：汉语方言卷》，其中划定了长三角区域内 12 个方言区的分布（表 2-2）。

7. 经济联盟（Economic alliances）

在中国市场化和分权化的背景下，各种经济联盟不断涌现。通过加入这些区域组织，地方政府寻求在各个经济联盟中发挥作用。经济联盟促进了集聚外部性，与中央政府分配的一系列财政权力和大量基础设施投资密切相关。为了跟三种网络的数据时限对应，本节界定的长三角经济联盟限定于 2010 年至 2016 年受到中央政府认可（国家发展和改革委员会或国务院批复）的区域规划或类似区域协同发展战略（表 2-2）[①]。引入虚拟变量 1 和 0，定义为两个城市是否同属某一区域（经济）联盟，其中 1 表示两个城市同属于某一区域（经济）联盟。

---

① 由于《长三角地区区域规划》或《长江三角洲城市群发展规划》的范围均覆盖长三角地区大部分城市，因此这两个规划未被列入分析。

8. 行政等级（Administrative rank）

城市的行政等级（如副省级城市、地级市和县级市）在很大程度上决定着其政治、经济权力以及在区域组织中的联系强度（Ma，2005）。具体来说，更高等级的城市可以享有更大的财政和行政权力，并享受更多来自中央和省级政府的优惠政策，而这些权力和政策反过来又使它们能够吸引更多其他城市的资源和人口流入。因此，两个城市间的行政关系，如省会城市和地级市、地级市和县级市，强烈影响了城际联系的格局。本节引入虚拟变量 0 和 1 来定义城市行政等级的影响：行政组合-Ⅰ（Administrative rank-Ⅰ），界定一个城市对是否由两个省会城市组成，其中 1 表示一个城市对由两个省会城市组成；行政组合-Ⅱ（Administrative rank-Ⅱ），界定一个城市对是否由省会城市及其地级市组成，其中 1 表示一个城市对由省会城市及其地级市组成。

表 2-2　长三角城市地形接近度、文化相似性和与经济联盟情况

城市	地形区	方言区	经济联盟
上海	苏南平原	吴语太湖片	
南京	苏南平原	江淮官话洪巢片	苏南现代化建设示范区，南京都市圈
无锡	苏南平原	吴语太湖片	苏南现代化建设示范区
徐州	黄淮平原	中原官话徐淮片	
常州	苏南平原	吴语太湖片	苏南现代化建设示范区
苏州	苏南平原	吴语太湖片	苏南现代化建设示范区
南通	东部沿海平原	江淮官话泰如片	江苏沿海地区
连云港	黄淮平原	江淮官话洪巢片	江苏沿海地区
淮安	黄淮平原	江淮官话洪巢片	南京都市圈
盐城	江淮平原	江淮官话洪巢片	江苏沿海地区
扬州	江淮平原	江淮官话洪巢片	南京都市圈
镇江	苏南平原	江淮官话洪巢片	苏南现代化建设示范区，南京都市圈
泰州	江淮平原	江淮官话泰如片	
宿迁	黄淮平原	中原官话徐淮片	
杭州	浙北平原	吴语太湖片	浙江海洋经济发展示范区，杭州都市经济圈
宁波	浙北平原	吴语太湖片	浙江海洋经济发展示范区
温州	东南沿海平原	吴语瓯江片	浙江海洋经济发展示范区，海峡西岸经济区
嘉兴	浙北平原	吴语太湖片	浙江海洋经济发展示范区，杭州都市经济圈
湖州	浙北平原	吴语太湖片	杭州都市经济圈
绍兴	浙北平原	吴语太湖片	浙江海洋经济发展示范区，杭州都市经济圈

续表

城市	地形区	方言区	经济联盟
金华	金衢盆地	吴语金衢片	
衢州	金衢盆地	吴语金衢片	海峡西岸经济区
舟山	浙北平原	吴语太湖片	浙江海洋经济发展示范区
台州	浙东丘陵	吴语台州片	浙江海洋经济发展示范区
丽水	浙南山地	吴语上丽片	海峡西岸经济区
合肥	江淮丘陵	江淮官话洪巢片	皖江城市带承接产业转移示范区
芜湖	沿江平原	江淮官话洪巢片	南京都市圈，皖江城市带承接产业转移示范区，皖南国际文化旅游示范区
蚌埠	淮北平原	中原官话信蚌片	中原经济区
淮南	江淮丘陵	江淮官话洪巢片	
马鞍山	沿江平原	江淮官话洪巢片	南京都市圈，皖江城市带承接产业转移示范区，皖南国际文化旅游示范区
淮北	淮北平原	中原官话徐淮片	中原经济区
铜陵	沿江平原	江淮官话洪巢片	皖江城市带承接产业转移示范区，皖南国际文化旅游示范区
安庆	沿江平原	江淮官话黄孝片	大别山革命老区，皖江城市带承接产业转移示范区，皖南国际文化旅游示范区
黄山	皖南山地	徽语区	皖南国际文化旅游示范区
阜阳	淮北平原	中原官话商阜片	中原经济区
亳州	淮北平原	中原官话商阜片	中原经济区
苏州	淮北平原	中原官话商阜片	中原经济区
滁州	江淮丘陵	江淮官话洪巢片	南京都市圈，皖江城市带承接产业转移示范区
六安	皖西-大别山区	江淮官话洪巢片	大别山革命老区
池州	沿江平原	江淮官话洪巢片	皖江城市带承接产业转移示范区，皖南国际文化旅游示范区
宣城	沿江平原	江淮官话洪巢片	南京都市圈，皖江城市带承接产业转移示范区，皖南国际文化旅游示范区

2.2.2 相关性和回归分析模型

本章使用二次指派程序（quadratic assignment procedure，QAP）执行相关性和回归分析。采用这种方法基于以下两个考虑：①QAP 方法通过控制观测值的非独立性，允许直接计算两个二元变量之间的相关性（Krackhardt，1988）；②在不违反分布假设的情况下，它也可用于处理分类数据。由于 QAP 的相关性和回归分析的原理类似于传统的统计方法，如多元线性回归分析，因此 QAP 结果的解释主要包含标准化系数和 R^2。首先计算这些解释因素与三种网络中城际联系强度的相关性，其次将不同的变量带入回归模型中，以测试哪些解释因素决定了这三种网络的形成。模型如下：

Ln（City-dyad$_{connectivity}$）= β_0+β_1 ln（Distance）+β_2 ln（Product of GDP）+β_3 ln（Product of Population）+β_4 ln（Administrative borders）+β_5 ln（Landform contiguity）+β_6 ln（Cultural affinities）+β_7 ln（Economic alliances）+β_8 ln（Administrative rank-Ⅰ）+β_9 ln（Administrative rank-Ⅱ）+ε (2-3)

其中，β_0 是截距，β_i 是独立变量的估计系数，ε 是模型扰动。回归模型中变量采用自然对数表示，以减少偏斜度。此外，这种对数类型变换有助于理解因素的弹性。实际上在进行对数变换前，向变量的每个值添加了一个常量值"1"，以便处理数据值为零的情况（Box and Cox，1964）。回归分析是按迭代步骤进行的。首先，将所有因素带入初始模型中，以测试每个变量回归系数的统计显著性（t 检验）。由于某些变量无法通过回归模型中的统计检验，为了增强回归结果的稳健性，逐步删除最不显著的变量，并将每种网络重新运行模型，直到所有引入变量在 $p<0.05$ 的水平上显著。所有变量均以 41×41 的城市矩阵的形式带入运算，每个变量中的值均通过离差标准化的方法处理，统计计算均在 UCINET 程序（Borgatti et al.，2002）中进行。

当然，这些变量中可能存在多重共线性问题。例如，地形区可能与行政边界有关，因为山、河等自然边界更有可能是省际边界。为了消除这一问题，使用 Dekker 的"半分割累加程序"（semi-partialling plus procedure）（Dekker et al.，2003）估计回归参数。已有研究表明，在存在多重共线性情况下，这种 QAP 检验的结果依旧稳健。

2.3　城市网络异构的影响因素

图 2-4 显示了 QAP 相关分析的结果，其均在 $p<0.005$ 的水平上显著。结果证实几乎所有变量与三种网络中的城际联系强度均存在显著的相关性（文化相似性对商务联系网络的影响除外）。这与生产性服务业公司业务的"多区位"特征有关。生产性服务业企业往往通过在更广泛区域内的多个城市中

设立分支机构来不断扩大市场，并保护其品牌完整性（brand integrity）。因此，基于公司内部联系而构建的城际联系不再受到文化相似性的限制，这与以往关于中国家族企业的观察不同（Redding，2000）。

将所有解释因素带入 QAP 回归模型中，探究它们如何影响三种网络中的城市联系。在逐步删除非显著变量后，图 2-5 显示了回归分析的结果。由图可知，每个模型的拟合度（R^2）均在 $p<0.005$ 水平上显著，证明仅有部分解释因素分别影响了这些网络。其中，GDP、地形接近度、距离、行政等级和行政边界依次影响了交通联系网络的形成；GDP、行政边界和行政等级依次影响了商务网络的形成；距离、GDP、行政边界、人口和行政等级依次影响了城际出行网络的形成。

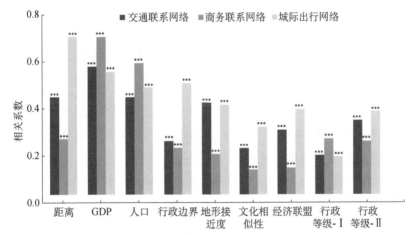

图 2-4　三种网络的 QAP 相关分析结果

***表示变量在 $p<0.005$ 的水平上显著。

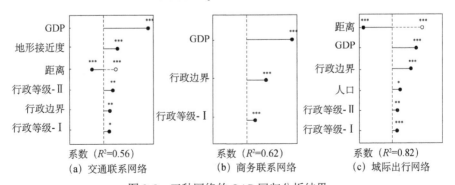

图 2-5　三种网络的 QAP 回归分析结果

2.3.1 重力型因素

首先讨论三种重力型因素，即 GDP、人口和距离。初步发现，这三个变量总体表现出与这三种网络最强的相关性，结果证实了基于重力模型模拟城市网络的有效性。

研究发现 GDP 与交通联系网络和商务联系网络的相关性最大，距离与城际出行网络的相关性最大（GDP 也是该网络中第二相关的因素）。同样，回归分析中，GDP 对交通联系网络和商务联系网络的影响最大，对城际出行网络的影响相对较小（第二位）。如前所述，城市的经济规模影响着城市连接外部城市的能力。一方面，经济表现强劲的城市对商业活动和人口流动更具吸引力；另一方面，城市的经济能力决定了固定基础设施（特别是交通等）投资的多寡，又反过来进一步影响城际商务联系和人口流动。以往研究中国城市网络结构的文献也反复揭示了城市经济规模在塑造城市网络方面的重要作用。尽管研究者采用了各种视角，如生产性服务业（谭一洺等，2011）、航空客运（周一星和胡智勇，2002）、高速铁路客流（孙阳等，2016）和人口流动（Liu et al.，2014；Zhao et al.，2015），但是研究发现经济中心始终是这些城市网络中联系强度最大的城市。

人口虽然不是交通网络和商务网络的决定因素，但对城际出行网络的影响是可见的。显然，人口规模与城市间人口流动直接相关，而城市的经济表现与交通联系网络和商务联系网络的关系更大。除此之外，长三角区域内人口与经济空间分布相对不匹配也导致了人口因素对不同网络的差异性影响。最明显的例子是江苏北部和南部之间存在相当大的区域不平等（Wei and Fan，2000）。例如，尽管在 2015 年苏北地区人口占全省的 38%，但其 GDP 仅占全省的 23%。这也为在构建不同类型的城市网络时城市规模指标的选择（即 GDP 还是人口）提供了有用的参考。

与其他因素或其他类型的网络相比，距离与商务联系网络之间的相关性相对较弱。在回归分析中，距离对商务联系网络的影响也不显著。这与生产性服务业公司的业务组织形式有关——技术革命（尤其是计算机和通信行业的发展）使多区位的生产服务业公司能够远距离运营其内部业务。本节所构建的城际商务流动侧重于这种公司的内部联系。此外，研究结果还表明城际出行活动受距离衰减的影响最大（如 Brockmann et al.，2006）。

2.3.2 同质性因素

省际边界对长三角区域内的三种网络均产生了显著影响。虽然区域边界在"流动空间"中的存在被认为是模糊和松散的（Amin，2004），但中国的行政边界对区域结构的塑造仍十分明显，这与中国区域和城市的空间组织更倾向于遵循政治空间的领域配置相关（Ma，2005）。在此背景下，由于省级政府被授权通过财政拨款和干部管理的方式管理下属城市，所以区域组织内的行政干预加强了边界的影响力（Chien and Gordon，2008；Li and Wu，2018）。此外，行政边界对人口流动网络的影响也十分突出，这符合以往研究关于行政边界对旅行行为影响的结论（Timothy，2001）。同样，根据基于社交媒体数据的研究，Liu 等（2014）也发现了中国城际旅行网络中存在显著的省界壁垒。

此外，针对其他三种同质性因素在回归分析中的表现，除地形接近度对交通网络存在影响外，其他指标尽管有显著的相关性，但并没有决定这些网络的形成。值得一提的是经济联盟对三种网络的影响并不显著，反映出由政府协调的多层次区域联盟并没有规划所期待的那样形成密集的城际联系。虽然建立区域联盟的主要目的是促进区域协调，但在政治决策和区域规划过程中，策划和建设区域联盟的进程实际上掺杂了其他的行为动机。一方面，地方政府争先恐后地加入这些区域联盟，以追求经济利益，如获取大规模的基础设施投资等；另一方面，中央政府试图重新确立其对区域治理的权力，试图平衡一系列地方政府利益和缩小地区差距（Li and Wu，2013；Liu et al.，2016）。

2.3.3 行政因素

作为行政地域重组的产物，城市行政等级在塑造这些网络中的作用是显而易见的。其中，行政等级较高的城市在财政决策权的分配中享有特权地位，使其更容易成为生产性服务业公司分支机构的驻地，进而促使城际出行人口流动的发生和交通基础设施联系的改善。此外，省会城市之间的关系对商务联系网络有特别的影响。如前所述，与商务联系网络的骨干联系相对应，4 个省会城市（直辖市）是生产性服务业公司商务流动的主要空间节点。通过调查长三角区域内 247 家生产服务业公司的区位战略，研究发现其大多数在省会城市设立了区域或省级总部。因此，行政体系中的枢纽城市往往成为商务联系的枢纽，成为连接更为广阔的全国服务市场的区域门户城市。

2.4　本章小结

　　本章探讨了长三角区域三种城市网络背后不同的影响因素。基本研究结论如下。首先，除文化相似性对商务联系网络的影响不显著相关外，其余解释因素与三种城市网络均存在显著的相关性，但其相关性大小随城市联系类型的不同而变化；其次，只有部分解释因素决定性影响着三种网络。其中，GDP、地形接近度、距离、行政等级和行政边界影响着交通联系网络的形成；GDP、行政边界和行政等级影响商务联系网络的形成；距离、GDP、行政边界、人口、行政等级影响城际出行网络的形成。

　　这些实证结果一方面反映了塑造城市网络多重性的多种因素，另一方面也深化了对长三角区域城市网络结构塑造过程的理解。关于城市网络多重性的决定因素，研究发现，生产性服务业公司多区位布局的特性使商务联系网络能够减轻其对距离和文化相似性的依赖；城际人口流动与城市人口规模和城际距离密切相关；地形特征仍是影响城际交通联系的重要因素。同时，研究表明城市的经济属性、行政边界和行政等级在长三角区域构建城际联系方面发挥着关键作用，反映了中国区域组织的特殊制度背景。此外，同质性因素与三种网络之间薄弱的关系表明长三角区域相对破碎的领域框架并没有强烈地影响区域网络的形成（Zhang et al.，2018）。

本章研究对政策制定和城市规划具有一定指导意义。在促进长三角区域高质量一体化发展的背景下，加强城市间联系是推动区域一体化发展的主要动力之一。本章验证了行政力量在塑造城市联系中的关键作用。因此，打破行政壁垒应是区域合作与协调的关键步骤。此外，各种城际联系网络的驱动因素存在差异，启示政府部门和规划师在致力加强不同类别的城际要素流动时要遵循因地制宜、因势利导的原则。例如，经济竞争力较高的城市可吸引更多的商务公司，进而与其他城市产生密集的资本流动，因此经济表现突出的城市在城际商务网络的塑造中拥有更强的话语权。

参|考|文|献

陈伟, 修春亮, 柯文前, 等. 2015. 多元交通流视角下的中国城市网络层级特征. 地理研究, 34 (11): 2073-2083.

戴靓, 曹湛, 张维阳, 等. 2020. 多重空间流视角下长三角城市网络特征分析. 长江流域资源与环境, 29 (6): 1280-1289.

焦敬娟, 王姣娥, 金凤君, 等. 2016. 高速铁路对城市网络结构的影响研究——基于铁路客运班列分析. 地理学报, 71 (2): 265-280.

李仙德. 2014. 基于上市公司网络的长三角城市网络空间结构研究. 地理科学进展, 33 (12): 1587-1600.

马海涛. 2020. 知识流动空间的城市关系建构与创新网络模拟. 地理学报, 75 (4): 708-721.

孙阳, 姚士谋, 张落成. 2016. 长三角城市群"空间流"层级功能结构——基于高铁客运数据的分析. 地理科学进展, 35 (11): 1381-1387.

谭一洺, 杨永春, 冷炳荣, 等. 2011. 基于高级生产者服务业视角的成渝地区城市网络体系. 地理科学进展, 30 (6): 724-732.

唐锦玥, 张维阳, 王逸飞. 2020. 长三角城际日常人口移动网络的格局与影响机制. 地理研究, 39 (5): 1166-1181.

王姣娥, 杜德林, 金凤君. 2019. 多元交通流视角下的空间级联系统比较与地理空间约束. 地理学报, 74 (12): 2482-2494.

王雪微, 赵梓渝, 曹卫东, 等. 2021. 长三角城市群网络特征与省际边界效应——基于人口流动视角. 地理研究, 40 (6): 1621-1636.

叶子航. 2019. 基于区域优势理论的"温州模式"研究. 人民论坛·学术前沿, (23): 105-
111.

周一星, 胡智勇. 2002. 从航空运输看中国城市体系的空间网络结构. 地理研究, 21 (3): 276-
286.

Amin A. 2004. Regions unbound: Towards a new politics of place. Geografiska Annaler: Series
B, Human Geography, 86 (1): 33-44.

Black W R. 1972. Interregional commodity flows: Some experiments with the gravity model.
Journal of Regional Science, 12 (1): 107-118.

Borgatti S, Everett M, Freeman L. 2002. Ucinet for Windows: Software for Social Network
Analysis. Harvard, MA: Analytic Technologies.

Box G, Cox D. 1964. An analysis of transformations. Journal of the Royal Statistical Society,
Series B (Methodological), 26: 211-252.

Brockmann D, Hufnagel L, Geisel T. 2006. The scaling laws of human travel. Nature, 439
(7075): 462-465.

Burger M J, van der Knaap B, Wall R S. 2014. Polycentricity and the multiplexity of urban
networks. European Planning Studies, 22 (4): 816-840.

Cao Z, Derudder B, Peng Z. 2018. Comparing the physical, functional and knowledge integration
of the Yangtze River Delta city-region through the lens of inter-city networks. Cities, 82: 119-
126.

Castells M. 1996. The Rise of the Network Society. Oxford: Blackwell.

Chien S S, Gordon I. 2008. Territorial competition in China and the West. Regional Studies, 42
(1): 31-49.

Choi J H, Barnett G A, Chon B S. 2006. Comparing world city networks: A network analysis of
Internet backbone and air transport intercity linkages. Global Networks, 6 (1): 81-99.

Dekker D, Krackhardt D, Snijders T. 2003. Multicollinearity robust QAP for multiple-
regression//Feiock R C, Schol J T. The annual conference of the North American association
for computational social and organizational science. Pittsburgh, PA: NAACSOS: 22-25.

Derudder B, Liu X, Kunaka C, et al. 2014. The connectivity of South Asian cities in infrastructure networks. Journal of Maps, 10 (1): 47-52.

Ducruet C, Ietri D, Rozenblat C. 2011. Cities in worldwide air and sea flows: A multiple networks analysis. Cybergeo: European Journal of Geography, 528: 23603.

Fan C. 1997. Uneven development and beyond: regional development theory in post‑Mao China. International Journal of Urban and Regional Research, 21 (4): 620-639.

Krackhardt D. 1988. Predicting with networks: Nonparametric multiple regression analysis of dyadic data. Social networks, 10 (4): 359-381.

Lambregts B, Kloosterman R C, van der Werff M. 2005. Polycentricity and the eye of the beholder: A multi-layered analysis of spatial patterns in the Dutch Randstad. Romanian Economic Journal, 8 (16): 19-34.

Li Y, Wu F. 2013. The emergence of centrally initiated regional plan in China: A case study of Yangtze River Delta Regional Plan. Habitat International, 39: 137-147.

Li Y, Wu F. 2018. Understanding city-regionalism in China: Regional cooperation in the Yangtze River Delta. Regional Studies, 52 (3): 313-324.

Liu X, Derudder B, Wu K. 2016. Measuring polycentric urban development in China: An intercity transportation network perspective. Regional Studies, 50 (8): 1302-1315.

Liu Y, Sui Z, Kang C, et al. 2014. Uncovering patterns of inter-urban trip and spatial interaction from social media check-in data. PLoS One, 9 (1): e86026.

Ma L J C. 2005. Urban administrative restructuring, changing scale relations and local economic development in China. Political Geography, 24 (4): 477-497.

Redding G. 2000. What is Chinese about Chinese family business? And how much is family and how much is business?//Yeung H W, Olds K. Globalization of Chinese business firms. London: Springer: 31-54.

Taylor P J, Derudder B. 2015. World City Network: A Global Urban Analysis. London: Routledge.

Taylor P J, Derudder B, Witlox F. 2007. Comparing airline passenger destinations with global service connectivities: A worldwide empirical study of 214 cities. Urban Geography, 28 (3): 232-248.

Timothy D J. 2001. Tourism and Political Boundaries. London: Routledge.

Tobler W R. 1970. A computer movie simulating urban growth in the detroit region. Economic Geography, 46 (sup1): 234-240.

van Houtum H, Lagendijk A. 2001. Contextualising regional identity and imagination in the construction of polycentric urban regions: The cases of the Ruhr Area and the Basque Country. Urban Studies, 38 (4): 747-767.

Wei Y D, Fan C C. 2000. Regional inequality in China: A case study of Jiangsu Province. The Professional Geographer, 52 (3): 455-469.

Zhang W, Derudder B, Wang J, et al. 2018. Regionalization in the Yangtze River Delta, China, from the perspective of inter-city daily mobility. Regional Studies, 52 (4): 528-541.

Zhang X, Kloosterman R C. 2016. Connecting the "workshop of the world": Intra-and extra-service networks of the Pearl River Delta City-Region. Regional Studies, 50 (6): 1069-1081.

Zhao M, Wu K, Liu X, et al. 2015. A novel method for approximating intercity networks: An empirical comparison for validating the city networks in two Chinese city-regions. Journal of Geographical Sciences, 25 (3): 337-354.

合作与竞争：长三角城市功能互补与重叠

第三章

城市之间的互动关系主要包括合作型关系和竞争型关系两种。一方面，城市通过横向合作与功能互补实现资源共享、知识与技术溢出、产业合理分工及"借用规模"效应等（Meijers and Burger，2015；马海涛，2020）；另一方面，受"行政区经济"和"晋升锦标赛"的驱动，城市间为了各自发展利益，针对稀缺性资源展开争夺，以确保自身处于优势竞争地位（Wu，2016；刘君德，2006）。城市之间的竞争与合作关系，影响了资金、货物、人才等要素的城际流动，塑造了城市对外服务能力和内部增长动力（线实和陈振光，2014；刘毅等，2019），成为透视城市体系形态与形成过程的重要视角。本章从城际合作和竞争的主要行动者——企业出发，借助"企业—城市"的城市网络投影方法，通过企业的空间组织刻画城际合作关系；借助生态位重叠理论识别城市在外部合作关系这一生态位上的重叠规模与比例，进而量化城际绝对竞争和相对竞争。

3.1 合作与竞争的测度方法

3.1.1 方法论基础——利基重叠理论

利基重叠理论（Niche Overlap Theory）最初源自生态学领域，其中"利基"指物种维持生存所需的资源和空间。Hutchinson（1957）认为，物种间产生资源利用性竞争的必要条件是它们的利基存在重叠。这一理论通过衡量多个物种对某一资源的利用程度（Abrams，1980）或物种在相同资源状态下的相遇频率（Hurlbert，1978），定量测度了物种间竞争强度。Lotka（1925）和 Volterra（1927）提出的种间竞争方程是衡量利基的一种常见方法，即两个物种对食物的获取种类和比例越相似，它们之间的竞争越激烈。

利基重叠理论后来在生态学、社会学、经济学等领域得到广泛应用（Solé and Bascompte，2012；Popielarz and Neal，2007；Ingram and Yue，2008）。在跨学科视角下，利基重叠理论为量化城际竞争关系提供了有益的借鉴。在城市层面，过去的研究往往通过对城市在经济、社会、人口等属性方面的相似性来识别城际竞争，如产业相似度的计算（陈绍愿等，2006）。例如，苏州和无锡由于拥有相似的出口导向型产业而陷入激烈竞争（Wu，2016）。然而，需要注意的是，即使两个城市在产业结构上相似，如果它们服务于不同的地理市场并拥有不同的外部联系，那么两个城市之间可能并不存在实质性竞争。因此，城市利基研究应该考虑地理市场和功能两个方面，即只有在城市体系中承担相同职能并拥有相似外部联系的情况下，城市节点才会具有更高竞争强度（Burger et al.，2013；Demuynck et al.，2023）。以长三角为例，同省城市中产业结构相似且本地和外部市场腹地高度重叠的城市，会对相同劳动力、供应商和客户产生激烈争夺（Begg，1999；Wu，2016；Lu et al.，2020）。另一方面，上层政府的支持成为城市产生相对竞争优势的关键因素。例如，苏州和无锡均与省会南京保持紧密联系，以在特殊的政策待遇和有限的财政资源分配中获得优势（Harvey，1989；Gordon，1999）。因此，城市之间无论是从承载企业维度还是城市政府之间均存在由于利基重叠进而导致竞争的可能；而利基重叠程度能够反映系统中各行为体之间资源竞争和可替代性的程度，从而揭示潜在的竞争关系（White，2018）。

3.1.2　方法框架

1. 企业视角下城际合作关系识别

在构建城际合作网络时，本节采用 Taylor 和 Derudder（2015）提出的链锁网络模型，通过企业空间组织的视角识别城际合作关系。城市间的经济联系被认为可由企业的异地空间组织布局来进行建构，企业的多个分支机构向不同地区的客户提供服务和产品，多个分支机构之间由于业务协作便产生了城际相互依赖性（Smith，2014）。基于此，本章借助制造业企业总部—分支机构布局数据，通过模拟企业内部的经济联系，间接反映城市之间的经济功能联系。

按照链锁网络模型，根据企业职能大小为城市赋分，企业全球总部所在城市赋值为 5，区域总部所在城市赋值为 4，一般性办事处所在城市赋值为 2。在此基础上，如果该办事处规模较大，能够处理多种业务，则将该办事处所在城市赋值增加为 3；如果该办事处规模较小（如从业人员数量少、业务种类单一等），则将该办事处所在城市赋值降为 1。企业在城市中未布局则赋值为 0。根据样本企业的城市扩张情况，去除仅在单个城市布局的企业，最终形成了 125 个城市×716 家企业的服务值矩阵 V，每一列表示企业在城市中的分支机构空间布局，每一行表示每个城市所能提供的企业服务类型与职能等级。

城市—企业服务值矩阵直观反映的是城市中的企业数量以及所能提供的服务水平，但城市所拥有的企业规模大小并不能反映城市之间的联系，因此需要进一步将服务值矩阵 V 转换为城际联系矩阵 R，通过矩阵乘以转置矩阵的方法构建出 125×125 城际联系矩阵。具体计算公式如下：

$$\text{Cooperation}_{ab} = \sum\nolimits_{i}(V_{ai} \cdot V_{bi}),(a \neq b) \tag{3-1}$$

式中，Cooperation_{ab} 为城市 a 与城市 b 间的联系强度；V_{ai} 和 V_{bi} 分别为企业 i 在城市 a 与城市 b 所建立的分支机构的服务值，分支机构越重要，相互之间的联系越紧密，它们所在城市之间的合作强度也越高。通过加总城市 a 所有的城际联系强度，可以得到城市 a 在网络中的合作强度指数（gross network cooperation，GNC）。GNC$_a$值的高低代表了城市a地理市场的大小（Taylor and Derudder，2015），也反映了城市a是否为网络中其他城市所偏好的合作对象：

$$\text{GNC}_a = \sum_b \text{Cooperation}_{ab},(a \neq b) \tag{3-2}$$

2. 基于合作关系重叠的城际竞争关系识别

本节采用城市外部合作关系的重叠程度作为定量测度城际竞争关系的指标。如前所述，在研究城际竞争关系时，不仅需要考虑两个城市在功能上的差异，还需要明确城市是否共享相似的对外合作联系，服务于相似的地理市场。因此，在功能相似的前提下，两个城市若拥有不同的利基（即外部合作关系），则它们并非竞争对手；而若两个城市的利基存在重叠，则存在相互竞争的可能性，其强度由重叠程度决定。为了更具体地描述城际竞争关系，图 3-1 展示了城市a与城市b之间可能存在的三种竞争关系模式：①完全竞争，即城市a与城市b拥有完全相同的外部合作关系，导致地理市场完全重叠（城市c、d、e、f），可能引发激烈的城际竞争；②不完全竞争，即城市a与城市b的外部合作关系存在交集，在部分地理市场上进行竞争，同时各自拥有独立的合作城市c和城市f；③完全不竞争，即城市a与城市b拥有完全不相同的外部合作关系，从各自的地理市场中获取资源、市场和劳动力，竞争可能性较低。值得注意的是，上述三种城际竞争关系模式未考虑合作关系的权重，在实际城市网络中，城市外部联系的重叠情况可能更为复杂。

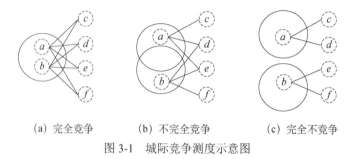

(a) 完全竞争　　　　　(b) 不完全竞争　　　　　(c) 完全不竞争

图 3-1　城际竞争测度示意图

借鉴生态位重叠理论，本节选取全行业制造业作为竞争的功能领域，主要关注各城市在制造业地理市场重叠程度，以此量化制造业企业在空间组织视角下的城际竞争关系。首先，制造业企业在扩张分支机构时对城市的要求相对较低，特别是以生产工厂为代表的低附加值分支机构更倾向于在更广泛的范围内寻求最大化利益的区位，而非集中在某些特定城市。在这一前提下，不同行业制造业企业的空间扩张策略具有一定相似性。其次，尽管区域内各城市的制造业产业发展各有侧重，所提供的制造业产品与服务并不能完全相互替代，但它们仍然将彼此视为最直接的竞争对手，各城市试图通过不断完善自身的制造业门类来挤压对方的地理市场。城际竞争强度的具体计算公式如下：

$$Competition_{ab} = Overlap_{ab} = \sum_k \min(R_{ak}, R_{bk}), (a \neq b \neq k) \qquad (3\text{-}3)$$

式中，R_{ak} 和 R_{bk} 分别表示城市 a、城市 b 与城市 k 的合作强度。$Competition_{ab}$ 表示城市 a 与城市 b 在城市网络中由于外部合作关系的相似性而产生的竞争强度。具体计算逻辑如下：首先，通过最小值公式判断第三方城市 k 是否为城市 a、城市 b 共享的合作城市。值为 0 说明城市 k 不是城市 a、城市 b 的共同合作城市，不存在重叠；值不为 0 说明城市 k 与城市 a、城市 b 均存在合作，同时随着值的增大，重叠程度增加。通过加总城市 a、城市 b 分别与所有第三方城市合作关系的重叠程度，得到 $Competition_{ab}$。重叠的地理市场会增加城市之间竞争的可能性：当两个城市基于相同功能的对外合作发生重叠时，它们需要从相同的合作城市中争夺有限的资源，包括市场、劳动力和投资。因此，当 $Competition_{ab}$ 的值增加时，城市 a、城市 b 的地理市场重叠程度加深，两个城市之间对于资源的抢夺也就越容易发生，即城市 a 与城市 b 之间存在更大的竞争。

对于单个城市而言，外部合作关系高度重叠意味着城市节点在城市网络中具有高度的可替代性（Burt，2004）。为了量化城市所面临的总竞争强度，本章通过对城市与其他所有城市的竞争关系强度进行加总，得到总竞争强度指数（gross competition intensity，GCI），表示如下：

$$GCI_a = \sum_b Competition_{ab}, (a \neq b) \qquad (3\text{-}4)$$

然而，基于城市外部合作关系重叠的方法只能量化城市外部合作关系的绝对差异，而未考虑这种绝对竞争对城市的非均衡影响。在面对相同的重叠程度时，若两个城市具有不同的对外联系总强度（即地理市场规模），则它们所感受到的竞争强度存在差异。以北京—上海和长沙—武汉为例，假设它们的利基重叠都为 100。然而，对于地理市场规模更大的北京—上海而言，重叠的利基所占比例相对较小；而对于长沙—武汉而言，重叠的利基所占比例相对较大，城际竞争关系的实际影响较大。因此，有必要考虑城市本身的地理市场规模，对绝对竞争进行标准化（Burger et al.，2013）。通过计算两个城市的重叠的外部合作关系（交集）与它们合作强度之和（并集）的比率，得到城际相对竞争强度 $\text{Competition}'_{ab}$（$\text{Competition}'_{ab}$ 取值范围为［0，1］，$\text{Competition}'_{ab}$ 值越接近 1，城际相对竞争强度越高），以及对应的城市相对竞争强度指标 GCI'_a，可表示为：

$$\text{Competition}'_{ab} = \frac{\text{Competition}_{ab}}{\sum_k R_{ak} + \sum_k R_{bk} - \text{Competition}_{ab}}, (a \neq b \neq k) \quad (3\text{-}5)$$

$$\text{GCI}'_a = \sum_b \text{Competition}'_{ab}, (a \neq b) \quad (3\text{-}6)$$

为了更详细说明城际绝对竞争和城际相对竞争的指标含义与计算过程，本节通过图 3-2 提供了两个虚拟网络的示例。这两个网络分别考虑了城市 a、城市 b 之间以及城市 i、城市 j 之间由于外部合作关系的重叠而产生的绝对和相对竞争关系。图中线的粗细表示城际合作关系的强弱。在示例中，城市 a、城市 b 均与城市 d、城市 e 以同等强度进行城际合作，即城市 d、城市 e 是城市 a、城市 b 重叠的地理市场；城市 a、城市 b 分别拥有一个独立的合作城市 c 和城市 f；同样，城市 i、城市 j 也拥有重叠的地理市场（城市 h、城市 k）以及各自不共享的合作城市（城市 g、城市 l）。不同的是，相比城市对 ab，城市对 ij 拥有规模更大的非重叠地理市场。在这种情况下，尽管两个城市对的绝对竞争强度均为 3，但显然城市对 ab 的重叠市场占总地理市场规模［即式（3-5）中分母部分］的比例更大，因此它们面临更激烈的相对竞争（0.60 > 0.27）（表 3-1）。

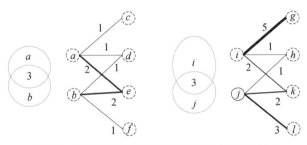

图 3-2 城际绝对竞争与相对竞争强度对比示例

表 3-1 城市对 *ab*、城市对 *ij* 的城际绝对与相对竞争关系强度计算示例

城市对 *ab*（GNC$_a$= 4；GNC$_b$= 4）	城市对 *ij*（GNC$_i$= 8；GNC$_j$= 6）
Competition$'_{ab}$ =1+2=3	Competition$'_{ij}$ =1+2=3
Competition$'_{ab}$ =3/（4+4-3）=0.60	Competition$'_{ij}$ =3/（8+6-3）=0.27

3. 区分城市在不同尺度下的合作与竞争关系

城市之间的竞争与合作关系在空间尺度上可分为国家尺度城际关系和城市群尺度城际关系等。国家尺度城际竞争与合作关系受城市在全国范围内地理市场规模和重叠程度的影响，而城市群尺度城际竞争与合作关系则关注城市在城市群内的地理市场及其重叠情况。因此，本节区分了长三角城市群城市与城市群内外城市的城际合作关系。

为了更清晰地说明城市在不同尺度下对外竞争与合作模式的差异，图 3-3 呈现了一个城际合作关系网络示意图。在该网络中，实心圆圈代表城市群的空间范围，虚线圆圈代表城市，城市 *a*、*b*、*c*、*d*、*e* 属于同一城市群，而城市 *f*、*g*、*h*、*i* 则为城市群外的其他城市。通过将城市 *a*、*b* 的外部合作关系分解为城市群内部和城市群外部的合作关系，可以发现这两者在对外竞争与合作模式上存在差异。在城市群内部，城市 *a*、*b* 的外部合作关系完全重叠，会导致两者在城市群内地理市场上对资源、劳动力等要素的激烈竞争。然而在城市群外部，城市 *a*、*b* 的外部合作关系部分重叠，它们仅在一个合作者（城市 *h*）上存在重叠。这使得它们成为连接城市群内外的两个重要节点，彼此不可替代，因此在城市群外部的竞争强度较低。也就是说，城市 *a*、*b* 在城市群尺度存在强烈竞争关系，在城市群外的竞争关系相对较弱。

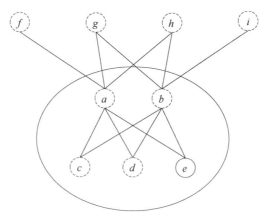

图 3-3　同一城市群内城市 *a*、*b* 在群内外的竞争与合作关系示例

3.2　长三角重点制造业企业分布概况

与中小企业相比，大型企业更有可能进行大规模、跨区域的资金、人员、信息等资源的流动与分支机构的扩展，从而能够反映城际相互作用的主要特征。因此，本节采用 2019 年《福布斯》全球企业 2000 强中的制造业企业的数据①识别企业空间组织视角下的城际合作与竞争关系。《福布斯》杂志每年根据资产、市场价值、销售额和利润 4 个同等加权的指标，对各行业公司进行综合衡量和排名，形成全球 2000 强企业名单。基于联合国发布的《全部经济活动的国际标准行业分类》（International Standard Industrial Classification of All Economic Activities）与企业资产筛选 2000 强企业名单中的制造业企业，得到包括食品饮料、烟草、化学制品、计算机、汽车与零部件等 744 家不同行业的制造业企业。通过企业官网、行业协会报告、商业数据集等收集企业分支机构的位置信息，排除仅在单个城市布局的企业，最终得到一个包含 716 家重点制造业企业的样本。

表 3-2 列出长三角各级企业分支机构数量与企业总数，列表对部分不存在企业分支机构的城市进行了剔除。从企业数量和全球总部与区域总部（4 分及其以上）来看，上海在长三角的制造业龙头地位显著，总部分支机构数

---

① 资料来源：http://www.forbes.com。

量居于首位，达到 201 家；且拥有最多的全球总部（5 家）和区域总部（37 家）。其余城市的企业数量远少于上海，其中企业总数在第二位的是苏州，在其布局的企业仅为 76 家，约为上海企业总数的 1/3。除上海外，所有企业数量在 20 家以上的城市共 6 个，且主要分布于上海周边，体现了上海作为中心城市的辐射和带动作用。由于制造业企业名单中外资企业占绝大多数（643 家），中资企业数量较少（73 家），因此仅有少数城市拥有中资企业的全球总部。样本企业的区域总部主要由外资企业设立，其在华总部为全国其他一般性分支机构提供决策支持。长三角城市群企业分支数量最多的为一般性分支机构（309 家），其中，3 分的分支机构是承担企业生产与制造任务的主要场所。

表 3-2　长三角各级企业分支机构数量与企业总数　（单位：个）

城市	全球总部	区域总部	一般性办事处			企业总数
	5	4	3	2	1	
上海	5	37	132	22	5	201
苏州	1	0	51	21	3	76
南京	1	2	28	20	8	59
杭州	2	1	12	15	6	36
宁波	2	0	13	12	4	31
无锡	0	0	16	9	3	28
合肥	0	0	9	9	5	23
常州	0	0	10	5	0	15
泰州	0	0	4	4	0	8
南通	0	0	4	4	0	8
芜湖	0	0	5	3	0	8
镇江	0	0	5	1	0	6
扬州	0	0	2	3	1	6
温州	0	0	2	1	3	6
盐城	0	0	5	1	0	6
连云港	1	0	3	2	0	6
蚌埠	0	0	1	2	0	3
徐州	0	0	0	3	0	3
宿迁	1	0	0	2	0	3
嘉兴	0	0	2	0	0	2

续表

城市	全球总部	区域总部	一般性办事处			企业总数
	5	4	3	2	1	
安庆	0	0	1	1	0	2
舟山	0	0	1	0	1	2
衢州	0	0	0	2	0	2
宣城	0	0	1	0	0	1
淮北	0	0	0	1	0	1
金华	0	0	1	0	0	1
淮安	0	0	1	0	0	1
台州	0	0	0	1	0	1
宿州	0	0	0	1	0	1
合计	13	40	309	145	39	546

3.3 长三角城市合作与竞争强度

3.3.1 城市合作强度

城市的 GNC 代表城市与网络中其他城市合作关系的强度之和，反映了城市在合作网络中的节点重要性。本节进一步拆分长三角城市分别与城市群内城市、城市群外城市的合作关系并汇总，并通过与城市总 GNC 最大的节点值（即上海的合作强度）比较进行标准化。表 3-3 列出了长三角各城市基于所有企业的节点合作强度（总 GNC）。

整体来看，无论是在城市群内部的合作还是与群外城市的合作，上海始终是占据核心地位的城市，首位分布明显。进一步对比内部与外部 GNC 可以发现，主要城市几乎均以与群外城市合作为主，即外部合作强度普遍高于内部合作。此外，长三角城市合作强度层级结构明显，上海作为龙头城市承担绝大部分城市合作，苏州、南京、杭州、合肥、宁波、无锡、常州等城市为二级节点，其余城市则处于合作关系的外围。其中，苏州凭借较多的制造业企业数量在二级节点中合作强度最高，这一结果与符文颖等（2017）关于德国在华知识密集制造业投资结果相似，即知识密集型制造业企业在上海、苏州集聚现象显著。这主要得益于苏州具有与上海地理邻近的区位优势，其积极承接上海制造业外溢转移，同时与苏州引导本地制造业提质升级密切相关。

表3-3 基于制造业企业的长三角各城市在城市群内部、外部及总的合作强度（GNC）（%）

城市	总 GNC	长三角内部 GNC	长三角外部 GNC
上海	100.00	18.59	81.41
苏州	43.62	12.47	31.15
南京	41.26	10.49	30.77
杭州	32.39	7.51	24.88
合肥	18.46	3.90	14.56
宁波	17.95	4.52	13.43
无锡	16.72	4.90	11.82
常州	12.51	3.54	8.97
泰州	7.17	2.81	4.35
南通	7.17	2.62	4.54
芜湖	7.14	2.55	4.59
镇江	4.49	1.21	3.27
连云港	4.01	1.92	2.09
扬州	3.75	1.26	2.49
盐城	3.68	1.34	2.34
温州	3.23	1.01	2.22
蚌埠	1.85	0.55	1.31
嘉兴	1.82	0.75	1.07
安庆	1.65	0.96	0.69
徐州	1.47	0.55	0.93
宿迁	1.20	0.56	0.64
宣城	1.07	0.53	0.53
舟山	1.02	0.23	0.79
淮安	0.93	0.46	0.46
衢州	0.52	0.31	0.21
台州	0.45	0.14	0.31

注：由于数值修约，加总数值略有偏差。

3.3.2　城市绝对竞争强度

城市的 GCI 代表城市在网络中与其他城市的绝对竞争关系的总强度，反映了城市由于市场重叠而受到的竞争压力。长三角城市群内部的 GCI 反映了城市在城市群内部地理市场与其他城市重叠规模的大小。同理，长三角城市群外部的 GCI 指标则反映了城市在城市群外部地理市场与其他城市重叠规模的大小。总 GCI 以竞争强度最高的城市为基准（即以上海为 100）进行标准化处理，并通过对比城市 GCI 与 GNC 排名，探究随着城市合作强度的增加，其绝对竞争强度的变化趋势。

表 3-4 列出了长三角城市群各城市基于制造业企业的绝对竞争强度，与 GNC 相比，长三角地区城市竞争层次没有发生太大变化，仍然存在层级结构。这也佐证了城市的 GCI 与其 GNC 之间存在正相关关系：即随着城市合作强度的增加，其绝对竞争强度也逐渐增加。主要原因在于合作强度更高的城市拥有更广阔的地理市场，它们在网络中与其他城市联系更紧密，导致其腹地市场发生重叠的可能性也更大。对比城市 GCI 与 GNC 发现，上海首位地位弱化，南京、苏州、杭州的绝对竞争强度相比合作强度明显提高，分别达到 90.87%、87.01%、83.30%，表现出区域竞争的多核心结构。这主要源于《福布斯》全球企业 2000 强中的制造业企业倾向于布局在我国经济发展好的城市，所塑造的城市对外联系相对趋同，利基重叠比例较大，致使城际竞争强度较大。此外，从竞争区域来看，城市群内部竞争强度小于外部，主要与群外城市数量较多、城际联系较为密集有关。

表 3-4　基于制造业企业的长三角各城市在城市群内部、外部及总的竞争强度（GCI）（%）

城市	总 GCI	长三角内部 GCI	长三角外部 GCI
上海	100.00	4.38	95.62
南京	90.87	4.67	86.20
苏州	87.01	4.78	82.23
杭州	83.30	4.46	78.84
合肥	64.06	3.37	60.69
宁波	61.74	3.35	58.39

续表

城市	总 GCI	长三角内部 GCI	长三角外部 GCI
无锡	56.73	3.64	53.10
常州	48.04	3.19	44.84
南通	32.72	2.73	29.99
泰州	32.65	2.86	29.79
芜湖	32.62	2.71	29.91
镇江	23.52	1.60	21.91
连云港	19.96	2.21	17.75
扬州	19.59	1.68	17.91
盐城	18.74	1.64	17.09
温州	18.39	1.41	16.98
蚌埠	10.93	0.82	10.12
嘉兴	10.48	1.04	9.44
安庆	8.83	1.19	7.64
徐州	8.17	0.88	7.29
宿迁	7.23	0.84	6.39
宣城	6.99	0.89	6.10
舟山	6.82	0.40	6.42
淮安	5.50	0.63	4.87
衢州	2.90	0.36	2.54
台州	2.24	0.23	2.02
金华	0.77	0.19	0.58

3.3.3 城市相对竞争强度

GCI′指标为相对竞争强度，是城市绝对市场重叠程度在控制城市市场规模后的结果。其中，内部 GCI′为长三角城市在城市群内部地理市场与其他城市重叠的比例，外部 GCI′为长三角城市在城市群外部市场与其他城市重叠的比例。总 GCI′指标以相对竞争强度最高的城市（即泰州）为基准进行标准化处理。

表 3-5 列出了长三角各城市基于制造业企业的节点相对竞争强度（总 GCI′）。不同于节点的合作强度排名和绝对竞争强度排名，相对竞争强度高的

城市是泰州、南通、芜湖、镇江等具备一定制造业发展基础的地级市,上海、南京、苏州、宁波等绝对竞争强度高的城市排名靠后,这与上文发现相互印证。上海、南京、杭州作为联系长三角区域内外的重要节点,拥有城市群内其他城市难以取代的重要地位,绝对竞争强度较高,然而考虑到节点城市总体市场广阔,重叠部分占总市场规模比重小,因此相对竞争强度较低。泰州、南通、芜湖、镇江等城市,城市自身地理市场规模中等,既不像上海等核心城市具有独特利基市场,又不像衢州、台州等相对边缘,市场重叠比例大,具有较大的可替代性。此外,衢州、台州等长三角相对边缘的城市市场腹地较小,常布局企业生产基地进行特定标准化产品的生产,其地理市场主要面对城市群内部,且其主要与群内核心城市联通,出现在长三角内部相对竞争强度大于外部的现象。

表 3-5　基于制造业企业的长三角城市在城市群内部、外部及总的相对竞争强度(GCI′)(%)

城市	总 GCI′	城市群内部 GCI′	城市群外部 GCI′
泰州	100.00	32.56	67.44
南通	97.58	31.10	66.49
芜湖	95.58	30.63	64.94
镇江	95.13	26.44	68.70
常州	93.82	24.48	69.34
盐城	90.42	30.56	59.85
温州	89.48	28.73	60.75
无锡	89.17	22.03	67.14
合肥	88.84	19.83	69.02
宁波	87.53	19.69	67.84
连云港	85.10	36.01	49.09
扬州	81.20	30.57	50.63
杭州	76.07	16.51	59.55
蚌埠	74.56	21.68	52.88
嘉兴	70.70	27.56	43.15
南京	67.33	14.18	53.14
宣城	62.45	32.39	30.06
苏州	62.11	13.83	48.28

续表

城市	总 GCI′	城市群内部 GCI′	城市群外部 GCI′
安庆	55.09	30.83	24.26
宿迁	54.52	26.31	28.21
舟山	54.27	15.45	38.82
徐州	50.25	27.67	22.58
淮安	48.76	22.55	26.21
上海	33.32	6.67	26.65
衢州	22.83	13.37	9.46
台州	16.84	11.67	5.17

3.4　长三角城际合作与竞争关系

3.4.1　城际合作关系

图 3-4 显示了长三角城市群城际合作关系，利用自然断裂法分别将网络中的城际合作关系强度、节点的合作强度划分为 5 个强度等级。表 3-6 分别列出合作强度排名前 20 的城市对。整体来看，合作网络结构相对松散，联系主要发生于长三角核心城市之间。其中，强度最高的合作关系发生于上海与南京、苏州、杭州、宁波之间，表现为以上海为核心的放射状分布。这一结构在以往关于长三角企业网络的研究中也得到证实（刘可文等，2017），主要归因于《福布斯》全球企业 2000 强中的制造业企业以外资企业为主，多选择在上海设立区域总部，并在南京、宁波、苏州、杭州等城市设置分支部门。此外，南京、苏州、杭州三市之间也具有较强合作关系，反映了企业扩展受城市经济规模的影响较大。合肥作为安徽省省会，仅与上海、南京建立较高强度的合作，其他对外合作联系强度并不高。这主要源于江苏省与浙江省具有毗邻上海的区位优势，周边城市与上海具有密切的产业联系，加之拥有良好的基础设施建设，吸引了大量外资制造业企业投资；而安徽吸引外资则相对较少。

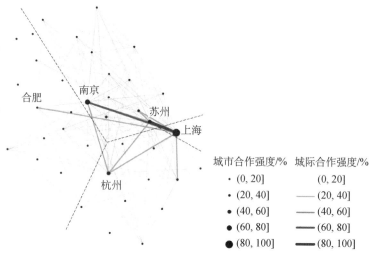

图 3-4 基于城市群内部合作联系的长三角城市群城际合作关系

表 3-6 城际合作强度排名前 20 的长三角城市对

位序	城市对	合作强度	位序	城市对	合作强度
1	上海—苏州	373	11	上海—常州	69
2	上海—南京	254	12	南京—合肥	63
3	上海—宁波	145	13	杭州—宁波	59
4	上海—杭州	131	14	苏州—常州	55
5	上海—无锡	125	15	南京—常州	53
6	南京—苏州	115	16	苏州—宁波	47
7	南京—杭州	111	17	上海—连云港	45
8	无锡—苏州	98	17	上海—泰州	45
9	上海—合肥	88	19	南京—无锡	44
10	杭州—苏州	81	20	苏州—南通	43

3.4.2 城际绝对竞争关系

图 3-5、图 3-6 分别展示了长三角城市群城市基于城市群内部与外部市场重叠而分别形成的城际绝对竞争关系，利用自然断裂法分别将网络中的城际绝对竞争强度划分为 5 个等级。表 3-7 分别列出城市群内部与外部绝对竞争强度排名前 10 的城市对。相对于节点分析，城市对的绝对竞争关系能进一步分析具体城市间的市场绝对重叠情况。

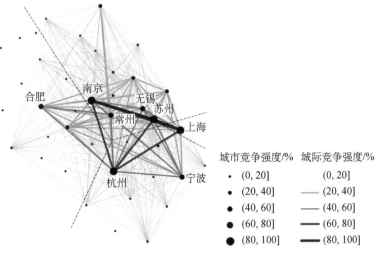

图 3-5　基于长三角城市群内部合作联系的城际绝对竞争关系

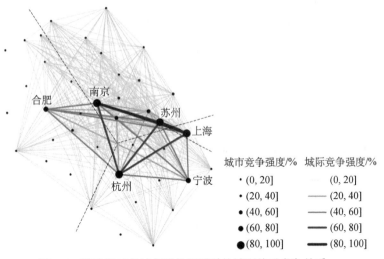

图 3-6　基于长三角城市群外部联系的城际绝对竞争关系

表 3-7　长三角城市群内部与外部城际绝对竞争强度排名前 10 的城市对

位序	城市对	内部竞争强度	位序	城市对	外部竞争强度
1	苏州—南京	665	1	上海—南京	2493
2	上海—苏州	663	2	上海—苏州	2441
3	上海—南京	601	3	上海—杭州	1967
4	杭州—苏州	522	4	南京—苏州	1943
5	上海—杭州	502	5	杭州—南京	1865
6	南京—杭州	457	6	杭州—苏州	1592

续表

位序	城市对	内部竞争强度	位序	城市对	外部竞争强度
7	无锡—南京	355	7	上海—合肥	1213
8	无锡—杭州	340	8	合肥—杭州	1175
9	无锡—苏州	315	9	合肥—南京	1169
10	南京—宁波	308	10	宁波—上海	1086

整体而言，城市群绝对竞争关系表现为多中心结构。观察绝对竞争强度排名前 10 的城市对可知，上海、苏州、南京、杭州 4 市在内部与外部均表现出较强的相互竞争关系，表明这 4 个城市的市场腹地重叠性较高。一方面，上述城市作为长三角的核心节点，同长三角其他城市间具有较为紧密且相似的企业联系，塑造了城市群内部的市场重叠。另一方面，由于对于大型制造业企业而言，远距离扩张有助于其避免子公司之间的业务竞争（Burger et al.，2013），青睐长三角的外资制造企业往往会选择一个长三角重要节点城市（上海、杭州、苏州、南京等）布局区域总部，并在全国范围内进行类似的分支扩张和业务布局，因此，会导致城市群外部市场也高度重叠。在不同尺度的绝对竞争强度上，核心城市在基于城市群外部联系的绝对竞争网络中平均强度高于内部。原因在于外部竞争网络是基于长三角城市同全国其他城市的城际合作关系建立的，而面向全国城市的连接重叠量显然高于城市群内部的重叠量。另外，由于长三角城市在更高的尺度上往往具有单中心的结构，所承担的全国职能差异较大（Li and Phelps，2018），相对来看，核心城市与边缘城市基于城市群内部联系的绝对竞争强度的差异相对较小。

3.4.3   城际相对竞争关系

城际相对竞争强度指标反映的是两个城市重叠的地理市场占双方总地理市场的比例，有助于深入分析各城市相似的竞争对手。本节按照城市的竞争与合作强度排名，选择上海、合肥、泰州作为不同层级城市的代表，观察长三角不同层次的相对竞争关系特点。表 3-8、表 3-9 分别列出这三个城市基于城市群内部与外部相对竞争强度排名前 5 的城市。可以发现如下问题。①如上所述，由于城市的城市群外部联系多是连接省会和经济规模较大的城市，他们对外连接的相似度普遍高于城市群内部。②合肥更倾向于与经济规模相当的城市（如芜湖、无锡、常州）展开相对竞争；而上海的相对竞争强度最高的城市同样维持着同上海强的合作关系。这是因为上海与高合作强度城市之间虽然存在较高的地理市场重叠比例，但它们各自仍具备独特且达到一定规模的地理市场。③泰州相对竞争对象主要为长三角相对边缘城市。这表明相对竞争具有层级性，即不同层级城市往往与其对应层级城市产生较高强度竞争。泰州市场腹地范围有限，与具有类似定位的长三角边缘城市市场重叠比例较大，均较为依赖同核心节点的连接关系，无论在城市群内部与外部均有较高的相对竞争强度。

表 3-8　城市群内部合作关系的上海、合肥、泰州相对竞争强度排名前 5 的城市对

城市对	相对竞争强度	城市对	相对竞争强度	城市对	相对竞争强度
上海—苏州	0.0582	合肥—芜湖	0.0916	泰州—芜湖	0.1519
上海—南京	0.0532	合肥—无锡	0.0909	泰州—连云港	0.1488
上海—杭州	0.0471	合肥—常州	0.0902	泰州—南通	0.1472
上海—无锡	0.0302	合肥—泰州	0.0898	泰州—盐城	0.1160
上海—合肥	0.0247	合肥—南通	0.0789	泰州—扬州	0.1152

表 3-9　城市群外部合作关系的上海、合肥、泰州相对竞争强度排名前 5 的城市对

城市对	相对竞争强度	城市对	相对竞争强度	城市对	相对竞争强度
上海—南京	0.2649	合肥—宁波	0.3887	泰州—芜湖	0.3066
上海—苏州	0.2526	合肥—杭州	0.3777	泰州—南通	0.2756
上海—杭州	0.214	合肥—无锡	0.3657	泰州—镇江	0.2352
上海—合肥	0.1383	合肥—常州	0.3155	泰州—常州	0.2263
上海—宁波	0.1226	合肥—南京	0.3025	泰州—无锡	0.1960

3.5　本章小结

本章基于《福布斯》全球企业 2000 强中的制造业企业的空间组织关系，构建了长三角城市群城市的城际合作关系网络，考虑到城市对外竞争与合作关系模式的多尺度性，通过区分长三角城市群城市在城市群内部、外部

的合作关系，以进一步探究城市基于不同尺度地理市场的重叠而形成的城际竞争关系。

从城市节点来看有如下三点总结。①合作节点强度首位分布明显，其中上海作为核心节点承担了区域内大部分的合作关系；合作网络节点层级结构明显，苏州、南京、杭州、宁波等城市作为二级节点，拥有相对较强的合作强度。②在绝对竞争网络中，城市的合作强度与城市的绝对竞争强度正相关，更广阔的地理市场意味着城市的腹地市场发生重叠的可能性也更高。长三角绝对竞争强度多核心结构显著，表现为以上海、南京、杭州、苏州、合肥等城市为核心的绝对竞争网络。③高相对竞争强度的城市主要为泰州、南通、芜湖等城市，由于这些城市市场范围相对较小，且城市间市场重叠比例较大使得相对竞争强度较高；衢州、台州等城市存在城市群内部相对竞争强度大于外部的现象，该结果与这些城市主要与城市群内核心城市联系，而与外部城市联系较少有关。

从城际关系来看有如下三点总结。①在合作网络中，高强度合作关系表现为以上海为核心呈放射状分布；合作强度受城市经济发展水平的影响较大，南京、苏州、杭州三市相互建立较强的合作关系。②绝对竞争网络被划分为基于城市群内部和外部城市因市场重叠而形成的两种网络，且均表现为多核心结构；核心城市在基于外部联系的绝对竞争网络中平均强度高于内部，边缘城市与核心城市在基于内部联系的绝对竞争网络中差异较小。③城市群相对竞争关系方面，上海虽然地理上的市场重叠范围广，但相对竞争强度小；经济一般的城市通常拥有较高的相对竞争强度。

参 | 考 | 文 | 献

陈绍愿, 林建平, 杨丽娟, 等. 2006. 基于生态位理论的城市竞争策略研究. 人文地理, 88 (2): 72-76, 11.

方创琳. 2020. 黄河流域城市群形成发育的空间组织格局与高质量发展. 经济地理, 40 (6): 1-8.

符文颖, 吴艳芳. 2017. 德国在华知识密集制造业投资进入方式的时空特征及区位影响因素. 地理学报, 72 (8): 1361-1372.

刘君德. 2006. 中国转型期"行政区经济"现象透视——兼论中国特色人文—经济地理学的发展. 经济地理, 26 (6): 897-901.

刘可文, 袁丰, 潘坤友. 2017. 长江三角洲不同所有制企业空间组织网络演化分析. 地理科学, 37 (5): 651-660.

刘毅, 王云, 杨宇, 等. 2019. 粤港澳大湾区区域一体化及其互动关系. 地理学报, 74 (12): 2455-2466.

马海涛. 2020. 知识流动空间的城市关系建构与创新网络模拟. 地理学报, 75 (4): 708-721.

线实, 陈振光. 2014. 城市竞争力与区域城市竞合: 一个理论的分析框架. 经济地理, 34 (3): 1-5.

Abrams P. 1980. Some comments on measuring niche overlap. Ecology, 61 (1): 44-49.

Begg I. 1999. Cities and competitiveness. Urban Studies, 36 (5-6): 795-809.

Burger M J, van der Knaap B, Wall R S. 2013. Revealed competition for greenfield investments between European regions. Journal of Economic Geography, 13 (4): 619-648.

Burt R S. 2004. Structural holes and good ideas. American Journal of Sociology, 110 (2): 349-399.

Demuynck W, Zhang W, Caset F, et al. 2023. Urban co-opetition in megaregions: Measuring competition and cooperation within and beyond the Pearl River Delta. Computers, Environment and Urban Systems, 101: 101951.

Gordon I. 1999. Internationalisation and urban competition. Urban Studies, 36 (5-6): 1001-1016.

Harvey D. 1989. From managerialism to entrepreneurialism: The transformation in urban governance in late capitalism. Geografiska Annaler: Series B, Human Geography, 71 (1): 3-17.

Hurlbert S H. 1978. The measurement of Niche overlap and some relatives. Ecology, 59 (1): 67-77.

Hutchinson F. 1957. The distance that a radical formed by ionizing radiation can diffuse in a yeast cell. Radiation Research, 7 (5): 473-483.

Ingram P, Yue L Q. 2008. Structure, affect and identity as bases of organizational competition and cooperation. The Academy of Management Annals, 2 (1): 275-303.

Li Y, Phelps N. 2018. Megalopolis unbound: Knowledge collaboration and functional polycentricity within and beyond the Yangtze River Delta Region in China, 2014. Urban Studies, 55 (2): 443-460.

Lotka A J. 1925. Elements of Physical Biology. Philadelphia: Williams & Wilkins.

Lu H, de Jong M, Song Y, et al. 2020. The multi-level governance of formulating regional brand identities: Evidence from three Mega City Regions in China. Cities, 100: 102668.

Meijers E J, Burger M J. 2015. Stretching the concept of "borrowed size". Urban Studies, 54 (1): 269-291.

Popielarz P A, Neal Z P. 2007. The niche as a theoretical tool. Annual Review of Sociology, 33 (1): 65-84.

Smith R G. 2014. Beyond the global city concept and the myth of "command and control". International Journal of Urban and Regional Research, 38 (1): 98-115.

Solé R, Bascompte J. 2012. Self-organization in Complex Ecosystems (MPB-42). Princeton, NJ: Princeton University Press.

Taylor P, Derudder B. 2015. World City Network: A Global Urban Analysis. London: Routledge.

Volterra V. 1927. Fluctuations in the abundance of a species considered mathematically. Nature, 119 (2983): 12-13.

White H, 2018. Markets from Networks. Princeton: Princeton University Press.

Wu F. 2016. China's emergent city-region governance: A new form of state spatial selectivity through state-orchestrated rescaling: China's emergent city-region governance. International Journal of Urban and Regional Research, 40 (6): 1134-1151.

第四章

外部动力：长三角外资企业网络化过程与动力机制

　　长三角城市群不断发育的网络组织是全球和地方力量共同作用的结果。一方面，包括资本、技术等在内的全球要素跨国流动，通过区域门户城市的链接，扩散到区域内部，影响了城际职能分工形态；另一方面，要素城际流动与地方根植性又为区域网络化体系建构提供了重要基础。特别是改革开放以来，受益于优惠的税收政策、巨大的市场规模、低廉的劳动力工资等条件，大量的外资企业涌入中国，并进行了网络化的空间扩张。在此背景下，作为"全球化外部动力"的最典型代表之一，跨国企业通过地方化扩张，推动了区域内部的分工与协作。因此，解析跨国企业在城市区域的网络化扩张过程和动力机制有助于理解长三角城市群的空间组织模式。

　　从企业组织的相关研究来看，已有研究从动机（魏后凯等，2001）、模式（王成等，2015）、区域分异（贺灿飞和梁进社，1999）、区位选择因素（贺灿飞和傅蓉，2009）、时序演化特征（符文颖和吴艳芳，2017）等方面入手，对外资企业的空间扩张进行了研究。研究发现，随着中国经济开放程度的不断提升，外资企业在中国的扩张呈现出由沿海地区向内陆地区扩张、沿海中心城市向周边城市扩散的空间趋势。利用计量经济模型对影响外资在华区位选择的因素进行识别，发现外资企业在中国的区位选择与生产成本、消费市场、制度文化、集聚经济等因素密切相关（刘作丽和贺灿飞，2009）。在识别区位要素的基础上，已有文献同时关注了企业来源地（Cheng，2008）、历史路径（吴加伟等，2014）、特定事件（符文颖和吴艳芳，2017）等因素对外资区位决策的重要影响。在企业扩张所映射的城市网络方面，已有研究从上市公司（赵新正等，2019）或生产性服务业企业（赵渺希和刘铮，2012）入手对企业扩张所映射的城市网络体系进行了刻画。但由于数据获取受限，从长时间尺度上追踪企业扩张路径的研究较少，而历史路径研究有助于更深入地剖析区域组织形成的过程；特别是当前面对逆全球化形势，评估长三角吸引外资能力的韧性更需要认清企业扩张的历史过程与动力机制。另外，由于企业网络化扩张具有行业属性，因此过去针对单一行业的网络化扩张进行分析的研究较为常见，而相对缺少对于世界 500 强等重点跨国企业在长三角网络化扩张共性规律的探索。

基于此，本章利用 2019 年《财富》世界 500 强企业排行榜名单，逐一回溯自改革开放以来重点外资企业在长三角的历史扩张信息，并通过链锁网络模型建立企业在长三角的城际扩张网络，分析重点外资企业扩张的历史阶段和时空演化特征。在此基础上，通过建立"企业来源地—城市特征—历史路径—特定事件"的多维度分析框架，解析长三角重点外资企业网络化扩张的动力机制，包括其母国特征、长三角城市属性、扩张历史路径、特定历史事件是否及如何影响重点外资企业的扩张过程。

4.1　数据与方法

重点外资企业的国内扩张布局，促进了长三角等城市群的网络化建构。本章参考 2019 年《财富》世界 500 强企业排行榜名单，去除中资企业 129 家和在长三角无分支机构的 161 家外资企业，共计得到 210 家重要外资企业作为研究样本。《财富》世界 500 强企业排行榜以全年营业收入为依据对全球企业进行排名，是研究全球大型公司最权威的榜单之一。通过逐一查阅外资企业官方网站和爱企查等企业数据库，提取外资企业在长三角的所有分支机构名称、职能等级、设立时间和所在城市等信息，进而得到重点外资企业在长三角扩张的历史基础数据。接着，进一步将基础数据与新闻报道等其他消息来源进行交叉比对，核对了企业在长三角市场的运营信息，从而避免了可能存在的偏误，确保了数据的可靠性。在长三角设置分支机构的重点外资企业来自 24 个国家，以欧美发达国家和亚太国家为主。其中，日本企业机构数量最多，达 483 个，占比达 26.70%；美国排名第二，企业机构数量 431 个，占比达 23.83%。

本章基于链锁网络模型将企业的城市网络分布信息（城市-企业二模网络）转换成城际关联网络（城市-城市一模网络）（Taylor et al.，2008）。链锁网络模型假设 m 个企业分布在 n 个城市，根据企业 j 在城市 i 所设分支机构的重要性赋予其相应的服务值 V_{ij}。已有研究多采用 5 分制来设置企业的服务值，计分规则包括公司规模或等级（Liu and Derudder，2013）、从业人数（薛德升和邹小华，2018）等，服务值显示在某城市的企业分支机构的相对重要性。为避免因资本体量或职工规模等行业差异对分析结果造成偏误，考虑到外资企业在长三角布局的实际情况，本章的服务值采用 0～3 分制：3 表示企业在某城市设立中国或亚太总部，2 表示企业在某城市设立长三角地区总部，1 表示企业在某城市设立一般办事处，0 表示企业在某城市没有设立分支机构。在此基础上，构建一个 $m×n$ 的服务值矩阵 $V_{m×n}$，城市 a 和城市 b 之间的联系强度 CDC_{ab} 计算参见公式（2-1）。

此外，本章运用揭示企业扩张选址偏好的回归模型、揭示网络扩张"路径依赖"的相关性分析等定量方法，对企业网络化扩张的动力机制进行剖析。

4.2　长三角重点外资企业的网络化扩张过程

4.2.1　长三角重点外资企业扩张的历史阶段

根据年度长三角重点外资企业机构总数和增长数，可将改革开放以来长三角重点外资企业扩张的过程划分为 4 个阶段（图 4-1）。

1. 1990 年以前：重点外资企业扩张的准备阶段

自 1981 年三菱商事株式会社在上海成立首家事务所以来，《财富》世界 500 强企业的机构数量在 1981 年至 1990 年间以年均新增 1.7 个的速度缓慢增长。这一阶段，中国对外开放刚刚开始，重点外资企业的投资风险较高，其设立的分支机构数量较少。随着长三角沿海城市的逐步开放，特别是 1984 年国务院发布《沿海部分城市座谈会纪要》，1985 年中共中央、国务院批转《长江、珠江三角洲和闽南厦漳泉三角地区座谈会纪要》，1988 年国务院发出《关于扩大沿海经济开放区范围的通知》以后，一些主要外资企业陆续在长三角零星设立分支机构，以此来打开中国市场和获取投资环境信息，为后续开拓中国市场做准备。

2. 1990～2000 年：重点外资企业扩张的波动增长阶段

1990 年国家实施浦东开发开放战略，设立了经济技术开发区和部分经济特区，并实施一系列免税减税政策，允许设立外资银行、允许土地承包开发等，以吸引外资入驻。同年，上海证券交易所正式成立，为各企业提供证券市场监管和服务。伴随着政策环境、经济环境、金融环境的不断优化，外资在上海的机构数量迅速增加，并逐步扩散到长三角其他区域。1990～2000 年，《财富》世界 500 强企业在长三角的机构数量经过十年的发展，从 17 个增长至 330 个。其中，上海新增企业的数量占长三角新增总数的 64.1%，反映了其作为龙头城市，在长三角重点外资企业扩张过程中的重要门户地位。

3. 2001～2007 年：重点外资企业扩张的快速增长阶段

随着 2001 年加入世界贸易组织（World Trade Organization，WTO），我国对外开放的路径和方式发生重大转变，如由双边对外开放到以 WTO 为组织和法律基础的多边贸易体制框架的开放等，为重点外资企业在华落地营造了透明的经营环境，消除了政策调整等不确定风险。这一时期，重点外资企业在长三角的扩张速度明显加快，呈现出近指数增长态势，平均每年新增

85.6 个机构，至 2007 年长三角共计有 929 个分支机构。与此同时，上海以外地区的机构数增长占到地区增长的 42.1%，上海的首位度下降，企业的网络化扩张加剧。

4. 2008～2019 年：重点外资企业扩张的稳定增长阶段

2008 年，受全球金融危机的影响，重点外资企业在长三角的扩张速度大幅降低。后金融危机时期，随着全球经济形势的逐步恢复，重点外资企业在长三角的年均扩张数量虽有波动但相对平稳，长三角外资机构存量呈稳定上升趋势。这一时期，长三角年均增加 73.33 个机构，至 2019 年共计有 1809 个分支机构，较 2007 年翻了一番。与此同时，重点外资企业仍高度集中在上海等核心城市，其中 2019 年上海的首位度为 4.8，仅略低于 1990 年的 5.5；而前 10 位城市的机构数量占比为 95.1%。进一步调查样本企业中国总部的集聚发现，上海占比为 83.5%，总部经济远远领先于其他中心城市。

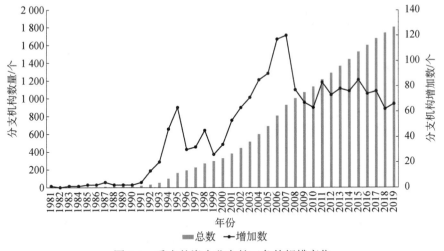

图 4-1　重点外资企业在长三角的规模变化

4.2.2　长三角重点外资企业扩张的网络时空演化

结合重点外资企业扩张的历史阶段和时序相对稳定的特点，本节选取 1981 年、1990 年、2000 年、2010 年、2019 年这 5 个关键截面分析长三角重点外资企业扩张的网络时空演化（图 4-2）。

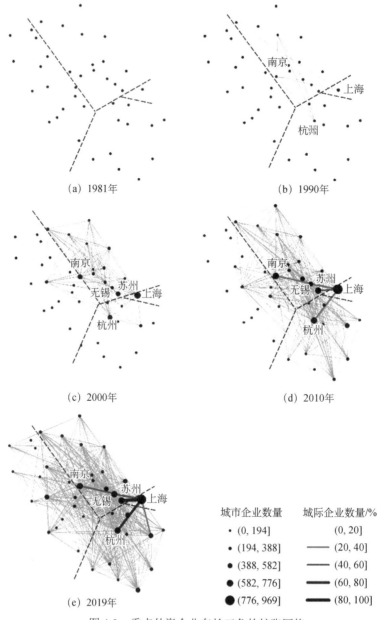

图 4-2　重点外资企业在长三角的扩张网络

1. 1981～1990 年：重点外资企业从上海向周边节点城市扩张，形成网络化雏形

自日本三菱商事株式会社在上海设立事务所开始，世界 500 强外资企业大多选择上海作为其设立第一个分公司或办事处的目标城市，包括芬兰诺基亚公司、美国 3M 公司、德国大众公司和美国花旗集团等。随着自身业务的扩大，根据行业性质和需求，重点外资企业逐渐向一些行政等级高、工业基础和交通设施完善的核心城市扩张。例如，贸易公司三菱商事株式会社选择江苏省政治和经济中心南京建立分支机构；建材、玻璃制造企业圣戈班集团则选择综合性交通枢纽城市徐州开设其分支机构，饮料制造企业可口可乐则基于贴近市场的原则在杭州、南京设立长三角区域总部，在常州、淮安等城市设立江苏分公司，形成了省内扩张的网络雏形。

2. 1991～2000 年：重点外资企业进一步向周边扩张，江苏省内联系密集

这一时期，随着对外开放的深入和政府招商引资政策的推进，长三角区域经济与全球经济的融合程度加深，各城市参与国际分工的深度增强，南京、苏州、杭州、徐州、合肥等城市的核心地位凸显。同时，与浙江省和安徽省的省内联系稀疏形成鲜明对比的是，江苏省内企业网络进一步发育，网络密度增加。这种以上海为中心发散且又高度集聚在江苏省内的格局同过去基于上市公司（符文颖和吴艳芳，2017）或一般工商企业（赵渺希，2011）所识别的城市网络有所出入，主要是因为 20 世纪 90 年代江苏因毗邻上海，拥有良好的投资软、硬环境与经济、技术基础，吸引了大量的以制造业为主体的外商投资，从而造就了现今苏南等地区的产业结构和发展优势（Wei，2002）。与之不同的是，浙江省形成了以家庭工业和专业化市场为主的产业结构，利用外资的规模较小；安徽省发展基础相对薄弱。

3. 2001～2010 年：由沿海向内陆扩张，形成一主多副网络化格局

这一阶段，地方政府对外商投资的限制进一步放开，重点外资企业向安

徽省东部和浙江省沿海城市等扩张，以便在更大的地域范围内成立分支机构，扩张市场腹地。与此同时，以上海为主中心，南京、杭州、苏州为次中心，各中心之间联系紧密，"一主多副"的长三角重点外资企业网络化格局大致形成。这同传统的长三角"Z"字形结构并不相同（熊丽芳等，2013），主要归因于《财富》世界500强重点跨国企业以上海为中心辐射状扩张的属性（刘可文等，2017）。

4. 2011～2019 年，网络化格局进一步加密

这一阶段，企业扩张深入内陆和各级别城市，重点外资企业的网络化格局进一步发展。网络联系不再限于以上海为中心，而是省内城市间、省际城市间联系日趋紧密；但上海与苏州、杭州、南京之间的连通廊道仍然明显，连接强度分别占到整体网络的 16.8%、10.9%、8.4%。

4.3　长三角重点外资企业网络化扩张的动力机制

4.3.1　分析框架

重点外资企业在长三角的网络化扩张受到多种影响因素的复合作用。本章基于企业扩张的相关研究文献梳理，并结合上述长三角重点外资企业演化过程进行分析，认为企业来源地和目的地城市特征从源和汇两个维度影响了企业的区域扩张（刘作丽和贺灿飞，2009）。此外，企业网络化组织具有明显的历史锁定效应（吴加伟等，2014），且易受特定事件的显著影响（符文颖和吴艳芳，2017）。因此，本章综合企业来源地、城市特征、历史路径、特定事件等不同层级因素，系统分析重点外资企业网络化扩张的动力机制（图 4-3）。具体来说，企业来源地维度主要分析跨国企业来源国特征对企业在长三角扩张的影响；城市特征维度主要分析长三角重点外资企业选址更偏好具有怎样经济基础、营商环境等特征的城市；历史路径维度主要探讨跨国企业的扩张是否存在明显的路径依赖；特定事件维度主要分析全球与地方历

史事件（包括全球金融危机、上海浦东新区开发等）如何影响跨国企业的长三角扩张。

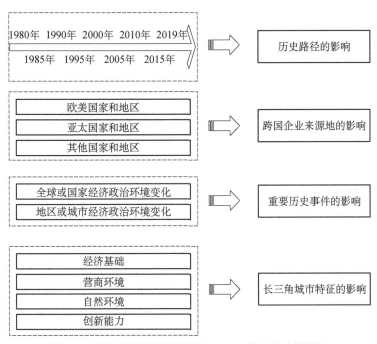

图 4-3 重点外资企业网络化扩张动力机制的分析框架

4.3.2 企业来源地因素

不同国家的跨国公司在长三角的扩张路径存在差异，进而形成差异化的空间格局和网络组织特征。本节将世界 500 强外资企业根据其所属国家和地区，划分为亚太企业（以日本、韩国、新加坡企业为主）、欧美企业、其他国家和地区企业。截至 2019 年，500 强企业中，欧美企业在长三角设立的企业与机构数量最多，共 151 家企业、1173 个分支机构，占机构总数的64.8%；亚太企业和机构较多，共 53 家企业、622 个机构；来源于其他国家和地区的企业与机构数量较少，仅 6 个企业、14 个机构。因此，本节主要比较亚太企业和欧美企业的扩张特征差异。如图 4-4 所示，相比亚太企业的空间组织网络，欧美企业在长三角的空间组织网络更为密集，且上海的首位度更大。虽然上海集聚了 50.5% 的亚太企业和 55.0% 的欧美企业，但上海欧美企业的首位度为 6.5，而亚太企业首位度仅为 3.1；这主要由于苏南地区传统上对日企和韩企有吸引力（陶修华和曹荣林，2007）。另外，亚太企业和欧美企业形成了具有不同广度和格局的城际联系网络（宁越敏和武前波，2011）。亚太企业偏好邻近扩散，与上海邻近的城市构成了亚太企业的集聚区，其中以上海和苏州为主要中心，周边城市（如无锡、常州、南京、杭州、宁波等）为次中心；而欧美企业则偏好等级扩散，网络的空间范围更大，几乎包括长三角的全部城市；且以上海为主要中心，南京、杭州、合肥 3 个省会城市以及经济发达的苏州、宁波等组成了企业网络的次级中心。

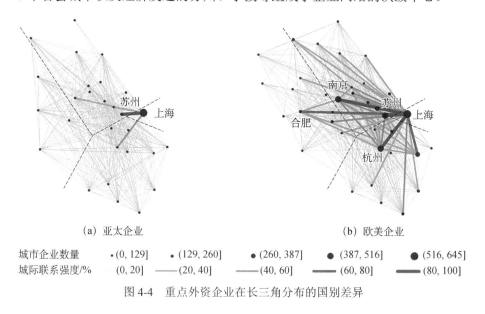

（a）亚太企业　　　　　　　　　　　　　（b）欧美企业

| 城市企业数量 | ·(0, 129] | •(129, 260] | ●(260, 387] | ●(387, 516] | ●(516, 645] |
| 城际联系强度/% | (0, 20] | (20, 40] | (40, 60] | (60, 80] | (80, 100] |

图 4-4　重点外资企业在长三角分布的国别差异

4.3.3　城市特征因素

城市特征是吸引外商投资的重要原因，已有研究从不同视角分析了外企的区位选择及影响因素。结合已有研究结论与本章空间格局的分析结果，本章将影响因素分为经济基础、营商环境、自然环境、创新能力共 4 类。经济基础方面，城市发展水平通过规模效应、集聚效应等机制，推动外企的落户和集聚。例如，许学强和李胜学（1995）基于广东省的实证研究发现，发达的区域经济基础成为外资进入珠三角的重要动力；然而也有学者认为过高的发展水平会带来地价上涨、交通拥挤等负外部性，对企业落户产生一定排斥力（彭继增和邓伟，2013）。营商环境方面，市场规模是否达到企业的进入门槛，生产、销售、出口等环境的经营成本是否具有足够的比较优势（Helpman，1984），法治环境、知识产权保护力度等政府管理水平等都影响了外资企业的落户（Javorcik，2004）。自然环境方面，城市宜居程度对外企高管主观决策行为的影响被证实愈发重要（Schlunze and Plattner，2007）。创新能力方面，寻找新知识并实现技术多样化，是企业尤其是知识密集型企业海外扩张的主要动力（Dikova and van Witteloostuijn，2007），人力资本水平亦是发展中国家引进外资的重要因素。本节以城市的样本重点外资企业机构数量为因变量，基于回归模型，检验城市特征要素对重点外资企业扩张的影响。变量设计、数据来源、预期效应见表 4-1。

表 4-1 变量设计、数据来源与预期效应

变量设置		指标解释	数据来源	预期效应
经济基础	国内生产总值	国内生产总值（亿元）	《中国城市统计年鉴》	+
	城市化率	建成区面积占比（%）	《中国城市统计年鉴》	+
营商环境	人口规模	年末户籍人口（万人）	《中国城市统计年鉴》	+
	劳动力成本	职工平均工资（千元）	《中国城市统计年鉴》	-
	交通运输	货运总量（万吨）	《中国城市统计年鉴》	+
	电信通讯	电信业务总量（亿元）	《中国城市统计年鉴》	+
	政府效能	地方财政支出/国内生产总值（%）	《中国城市统计年鉴》	+
自然环境	绿地面积	人均绿地面积（米²/人）	《中国城市统计年鉴》	+
创新能力	科研技术人员	科研综合技术服务业从业人员数（万人）	《中国城市统计年鉴》	+

模型依次引入经济基础、营商环境、自然环境、创新能力 4 类自变量，如表 4-2 所示。经检验，变量的引入顺序对模型的估计结果无明显影响。其中，模型 4 解释度最大，因此本节以此为基准模型，分析城市吸引重点外资企业布局的因素。研究发现，城市经济发展水平对重点外资企业分布产生显著正向影响，这同已有研究发现一致。城市化率对重点外资企业的分布无显著影响，可归因于城市中心高地租带来企业经营成本上升，部分企业在郊区选址。营商环境方面，以人口规模为表征的市场规模对外资企业分布具有显著负向作用，与预期结果不符。虽然城市的市场规模代表了产品需求、增长

潜力和供应能力（Bevan and Estrin，2004），但外资企业提供的产品与服务除满足本地需求外，也销往其他地区。尤其是长三角的样本重点外资企业部分为亚太总部、中国总部，高等级的分支机构的辐射范围更广，受本地人口规模的影响较小。另外，不同行业的企业对市场规模的重视程度不同，先进生产性服务业等行业并非市场导向，而多考虑区域经济发展水平与城市职能。此外，劳动力成本与外资企业规模的负相关、交通运输与电信通讯能力同外资企业规模的正相关，政府效能与外资企业规模的正相关均与预期较为一致，均证实了营商环境对吸引外资的重要作用。自然环境方面，模型证实了城市的宜居环境（绿地面积）成为吸引外企空间布局的重要因素。最后，科研技术人员的显著正相关说明了外资企业在进行投资的时候充分考虑了目标城市的人力资本水平以保证企业的运营能力，并增强企业知识和技术的本地化创新及产学研合作。

表 4-2　长三角城市吸引重点外资企业的影响因素分析

变量板块	变量设置	模型 1 企业规模	模型 2 企业规模	模型 3 企业规模	模型 4 企业规模
经济基础	国内生产总值	0.021***	0.013***	0.007***	0.006***
		（0.001）	（0.001）	（0.001）	（0.001）
	城市化率	0.532	0.179	0.131	0.140
		（0.354）	（0.270）	（0.222）	（0.221）
营商环境	人口规模		− 0.062**	− 0.083***	− 0.085***
			（0.029）	（0.024）	（0.023）
	劳动力成本		− 1.099***	− 0.530***	− 0.484***
			（0.189）	（0.159）	（0.159）
	交通运输		0.001***	0.001***	0.001***
			（0.000）	（0.000）	（0.000）
	电信通讯		0.253***	0.367***	0.319***
			（0.026）	（0.022）	（0.028）
	政府效能		1.410***	0.885***	0.856***
			（0.219）	（0.183）	（0.182）
自然环境	绿地面积			0.001***	0.001***
				（0.000）	（0.000）
创新能力	科研技术人员				2.835***
					（0.986）

续表

变量板块	变量设置	模型 1 企业规模	模型 2 企业规模	模型 3 企业规模	模型 4 企业规模
常数项		−3.407 (4.446)	1.315 (13.329)	23.080** (11.058)	23.736** (10.988)
解释度		0.719	0.766	0.841	0.844

、*分别表示变量在 95%、99%的置信水平上显著。

4.3.4　历史路径因素

自重点外资企业在长三角初次建立海外机构以来，历年的城市重点外资企业规模及城际联系强度之间具有较高的相似性。对不同时间点重点外资企业规模和城际联系强度的相关性分析发现如下几点。第一，1981 年与 2019 年城市企业规模的皮尔逊相关系数为 0.965，这是因为上海在企业网络化扩张过程中始终保持首位地位，部分城市处于网络化的边缘且无明显变化；1990～2019 年城际联系强度的皮尔逊相关系数为 0.104，即重点外资企业空间扩张的拓扑结构发生了极大的变化，而上海到南京的城际通道在网络化过程中保持稳定。第二，2000 年及以后的任意两个相邻时间段之间城际联系强度的皮尔逊相关系数超过 0.9，远高于 1995 年及以前低于 0.2 的城际联系强度的皮尔逊相关系数。该结果证实了在网络化初始，跨国公司的扩张尚不稳定；而随着网络化的时序推移，跨国公司空间扩张的方向、路径、演化过程相当稳定。总体而言，跨国公司的网络化呈现出明显的"路径依赖"的特征。

本章的研究发现与已有研究结论相符（贺灿飞等，2012）。一方面，同一跨国公司不同时期的在华投资企业存在密切的经济技术联系，同一公司分支机构的空间集聚可降低企业经营成本和减少沟通障碍，促进企业内部的合作和协调。另一方面，不同跨国公司的集中可促进企业间知识共享、知识溢出（Cohen and Levinthal，1989），先进入的企业可为其他企业带来前期积累的海外扩张经验，产生示范效应，进而吸引新进企业的集聚。

4.3.5 特定事件因素

全球或国家经济政治环境变化对企业落户具有一定影响。首先，1984 年长三角重点外资企业年新增数量突增，三年内新设企业平均增长率为 34.0%，反映了邓小平同志南行对长三角外资企业数量增长的促进作用。1984 年，国家批准开放了 14 个沿海城市，成立长江三角洲、珠江三角洲、闽南三角洲等沿海经济开放区，推动了由特区到沿海、由沿海到内地的多层次开放经济新格局的形成，也促使对外开放体制全方位改革，为重点外资企业进入中国提供了基本政策制度和金融条件保障。其次，1998 年和 2008 年长三角重点外资企业每年新增数量发生突降，其后三年内新设企业平均增长率分别为 11.9% 和 6.5%，较前三年增长率分别降低了约 10 个百分点和 7 个百分点，反映出亚洲金融危机和 2008 年全球金融危机对企业扩张均产生了抑制作用。金融危机背景下，欧洲、美国、日本、韩国等发达经济体的经济增长乏力，投资保护主义增强，进一步紧缩对外投资。因此，重点外资企业在长三角的扩张速度分别于 1998 年和 2008 年出现了下跌的断点。最后，2001 年长三角重点外资企业年新增数量跃升，加入 WTO 前三年平均每年新增重点外资企业 35 个，加入 WTO 后三年内平均每年新增 62 个，证明了加入 WTO 对长三角重点外资企业规模增长的促进作用。加入 WTO 使得我国外商投资政策更加开放透明，各行业的市场准入逐渐放开。譬如，对于国家垄断程度高的行业，包括金融、保险、电信、交通服务等，政府采取了分阶段、分地域、逐步开放的政策允许外资进入。

地区或城市经济政治环境变化或重大政策出台也会对重点外资企业落户产生潜在影响。为评估上海浦东新区开发和长三角一体化政策等对重点外资企业扩张的影响，本节分析了 1990 年浦东新区开发、1985 年长三角沿海经济开放区成立、1988 年沿海经济开放区扩大和 2016 年长三角城市群发展规划发布 4 个时间点前后的企业扩张态势。首先，上海浦东新区开发为外资企业提供了优惠政策和营商环境，促进了外资在长三角的扩张。1990 年，上海政府批准了浦东开放的优惠政策，包括进出口减税、交通设施建设、土地开发等，对外资企业的吸引强度不断增加。此后的 5 年内，上海新建企业的数量开始较快提高。同时，外资企业投资也有利于提高浦东新区的产业整体竞争力和高新技术产业竞争力（Zhang et al.，2020），尤其推动第三产业、先进生产性服务业的发展，从而进一步提高了上海对外资企业的吸引力。其次，通过比较长三角一体化三个重要时间点前后新增企业数变化发现，1985 年建立经济特区和 1988 年扩大经济特区仅对上海的企业增长产生明显促进，其他城市年新增企业数没有发生变化。2016 年长三角城市群发展规划的提出对不同城市产生了不同影响，如上海、苏州、常州等城市当年新增企业数反而降低，无锡、盐城、宁波等城市新增企业数上升，即长三角一体化政策对于不同城市吸引外资的增强作用并不明显。

4.4　本章小结

企业扩张作为一种审视城际关系的视角，承载了城市之间的资源流动、信息交互、知识传播，为理解长三角区域一体化进程提供了重要切入点。本章在总结已有研究的基础上，基于《财富》世界 500 强中的外资企业在长三角地区扩张的历史数据，构建链锁网络模型，分析了重点外资企业在长三角网络化的具体路径，通过构建重点外资企业扩张动力的多维分析框架，从企业来源地、城市特征、历史路径、特定事件 4 个角度探讨了企业扩张现象背后的成因。主要结论如下。

（1）重点外资企业在长三角的企业扩张格局较不均衡，以上海、苏州、南京、杭州等少数经济发达、对外开放水平高的城市为集聚中心，形成中心—外围的网络结构。从历史路径来看，经历了准备扩张、波动扩张、快速扩张和稳定扩张 4 个阶段，空间上呈现从上海向省会城市扩张、从核心城市向周边扩张，从沿海向内陆扩张的梯度演化规律。企业扩张网络密度不断提高，但极化态势依旧。

（2）重点外资企业的网络化扩张受到多种影响因素的复合作用。首先，关于跨国企业来源地的影响，来源地多为经济发达的国家和地区，但近年来新兴经济体的跨国企业增多；不同来源地的外资企业网络化路径存在明显差异，亚太企业偏好邻近扩散、网络扩张范围集中，欧美企业偏好等级扩散、网络扩张范围更大。其次，经济基础、营商环境、自然环境、创新能力4类城市属性要素对企业扩张均具有显著影响。再次，关于历史路径的影响，重点外资企业的扩张存在明显的路径依赖。最后，全球与地方的经济政治环境变化等均会对外资企业扩张产生影响，具体包括金融危机、中国加入WTO、浦东新区开发等。

本章研究发现，长三角重点外资企业网络并非多中心和均等化扩张，应引导长三角外资企业多级网络体系的构建，发挥省会城市、周边节点城市的集聚效应与溢出效应，提高中小城市尤其是内陆小城市吸引外资企业的能力。同时，应针对外资企业长三角扩张动力的关键影响因素，进一步优化经济环境和营商环境，营造创新氛围，发挥现有集聚优势，针对性地吸引不同类别企业落户。最后，增强城市对于全球、国家以及区域经济政治环境变化的调节韧性，尤其是面对后疫情和大变局时代，做好进一步吸引和留住外资的方案。

参│考│文│献

符文颖, 吴艳芳. 2017. 德国在华知识密集制造业投资进入方式的时空特征及区位影响因素. 地理学报, 72 (8): 1361-1372.

贺灿飞, 傅蓉. 2009. 外资银行在中国的区位选择. 地理学报, 64 (6): 701-712.

贺灿飞, 梁进社. 1999. 中国外商直接投资的区域分异及其变化. 地理学报, 54 (2): 3-11.

贺灿飞, 肖晓俊, 邹沛思. 2012. 中国城市正在向功能专业化转型吗? ——基于跨国公司区位战略的透视. 城市发展研究, 19 (3): 20-29.

刘可文, 袁丰, 潘坤友. 2017. 长江三角洲不同所有制企业空间组织网络演化分析. 地理科学, 37 (5): 651-660.

刘作丽, 贺灿飞. 2009. 在华外商直接投资区位研究述评. 地理科学进展, 28 (6): 952-961.

宁越敏, 武前波. 2011. 企业空间组织与城市-区域发展. 北京: 科学出版社.

彭继增, 邓伟. 2013. FDI、城市化与经济增长互动关系实证分析——以 1984~2010 年江西省时间序列为例. 金融与经济, (1): 30-33.

陶修华, 曹荣林. 2007. 江苏省外商直接投资 (FDI) 时空演变及区位决策因素. 经济地理, 27 (2): 217-221.

王成, 王茂军, 柴箐. 2015. 城市网络地位与网络权力的关系——以中国汽车零部件交易链接网络为例. 地理学报, 70 (12): 1953-1972.

魏后凯, 贺灿飞, 王新. 2001. 外商在华直接投资动机与区位因素分析——对秦皇岛市外商直接投资的实证研究. 经济研究, (2): 67-76, 94.

吴加伟, 袁丰, 吕卫国, 等. 2014. 金融危机下泛长三角 FDI 时空格局演化及其机制研究. 地理科学进展, 33 (12): 1601-1613.

熊丽芳, 甄峰, 王波, 等. 2013. 基于百度指数的长三角核心区城市网络特征研究. 经济地理, 33 (7): 67-73.

许学强, 李胜学. 1995. 改革开放以来广东省利用外资的时空差异特征. 地理学报, 50 (2): 128-137.

薛德升, 邹小华. 2018. 基于中资商业银行全球空间扩展的世界城市网络及其影响因素. 地理学报, 73 (6): 989-1001.

赵渺希. 2011. 长三角区域的网络交互作用与空间结构演化. 地理研究, 30 (2): 311-323.

赵渺希, 刘铮. 2012. 基于生产性服务业的中国城市网络研究. 城市规划, 36 (9): 23-28, 38.

赵新正, 李秋平, 芮旸, 等. 2019. 基于财富 500 强中国企业网络的城市网络空间联系特征. 地理学报, 74 (4): 694-709.

Bevan A A, Estrin S. 2004. The determinants of foreign direct investment into European transition economies. Journal of Comparative Economics, 32 (4): 775-787.

Cheng S. 2008. How can western China attract FDI? A case of Japanese investment. The Annals of Regional Science, 42 (2): 357-374.

Cohen W M, Levinthal D A. 1989. Innovation and learning: The two faces of R&D. The Economic Journal, 99 (397): 569-596.

Dikova D, van Witteloostuijn A. 2007. Foreign direct investment mode choice: Entry and establishment modes in transition economies. Journal of International Business Studies, 38 (6): 1013-1033.

Helpman E. 1984. A simple theory of international trade with multinational corporations. Journal of Political Economy, 92 (3): 451-471.

Javorcik B S. 2004. The composition of foreign direct investment and protection of intellectual property rights: Evidence from transition economies. European Economic Review, 48 (1): 39-62.

Schlunze R D, Plattner M. 2007. Evaluating international managers' practices and locational preferences in the global city-an analytical framework. Ritsumeikan Business Review, 36 (1): 63-89.

Taylor P J, Evans D M, Pain K. 2008. Application of the interlocking network model to mega-city-regions: Measuring polycentricity within and beyond city-regions. Regional Studies, 42 (8): 1079-1093.

Wei Y D. 2002. Beyond the sunan model: Trajectory and underlying factors of development in Kunshan, China. Environment and Planning A: Economy and Space, 34 (10): 1725-1747.

Zhang W, Derudder B, Wang J, et al. 2020. An analysis of the determinants of the multiplex urban networks in the Yangtze River Delta. Tijdschrift voor Economische en Sociale Geografie, 111 (2): 117-133.

属性与网络共塑：基于城际交互的长三角分区结构

　　长三角城市群不同于世界其他国家的城市区域（如英国东南部区域和荷兰兰斯塔德地区）的显著特点是其具有较大的地理面积。根据国务院 2009 年批准的《长江三角洲城市群发展规划》中对于长三角城市群的地理边界划分，该区域的面积为 21.17 万平方千米，与整个英国的国土面积相当。具有这样大尺度的地域范围，长三角在自然、经济、文化和行政空间的区域多样性显而易见，其既包含平原、盆地和山脉，又包括由多级政府指定的多个经济联盟，还跨越不同的文化区，且由 4 个省级行政空间组成。虽然区域的组团化显而易见，但少有研究洞察长三角城市群内部的区划结构。

　　区划研究长期以来使用基于属性的方法，即根据自然、经济、社会文化或治理的共性来划分同质区域。这种基于属性的区划及其绝对边界可以由基于城际交互的区划来补充。在基于城际社会经济交互的研究中，地理领域被认为是"无边界的"（Amin，2004），有学者认为基于属性的区域划界可能无法揭示区域的领域一致性是如何产生的。流空间和网络研究认为，一个"区域"是通过空间上相互联系的社会经济活动塑造的。根据这一原理，本章基于城际人口日常移动数据，试图描述基于城际交互过程的长三角内部组团模式，并讨论这种模式如何与基于属性的区划相关联，以理解长三角区域组织形成过程。

5.1 长三角的属性分区

本章将介绍长三角基于自然-经济-文化-行政（physical-economic-cultural-administrative，PECA）的区划方案。长期以来，"领域"一词被理解为存在领域一致性的有界和固定的空间，这种一致性通常在地理、经济、社会文化和治理等方面体现。相比之下，"网络"一词可表示相互联系的社会经济流动，反映了对区域实际内涵的理解，即无边界、流动性和相关性。尽管领域和网络是空间组织的对立概念，但越来越多的学者认为领域和网络是相互联系和并行发展的（Harrison，2013；Jones，2009；Macleod and Jones，2007；Painter，2010）。正如 Painter（2010）指出的，"领域本身就可以被视为关系网络的产物"（territory can be seen as itself a product of relational networks）。例如，一个"文化区域"可以被理解为一个区域内部与文化相关的社会实践（如语言）在历史发展过程中存在彼此联系的结果。基于此观点，本章根据 Jonas 和 Ward（2007）所提出的"城市区域可被概念化为一系列经济、文化、环境和政治项目的结果"[①]来介绍长三角的 4 种领域划分，即行政区划、自然地理区划、方言区划和区域经济联盟。

5.1.1 行政区划

行政区划通过协调固定的空间配置和领域资产（如基础设施），在区域（再）生产中发挥关键作用（Zhang and Wu，2006）。自 1978 年改革开放以来，中央政府采取了一系列权力下放政策，赋予地方政府在行政管理和经济发展中更多的权力。譬如，"创业型地方政府"（Wu，2002）是治理体系转型的典型代表。换言之，地方政府有强烈的动机保护本地企业和产业免受区域竞争的影响。此外，户籍制度（户口）是影响长三角领域划分的重要因素，从制度上影响了外来务工人员在不同行政区域间的自由流动及享受到的公共服务。因

---

① 原文为：We argue for the need to conceptualize the emergence of "city-regions" as the product of a particular set of economic, cultural, environmental and political projects.

此，由区划而产生的行政边界对中国社会经济互动的影响始终显著存在；而在西欧和北美地区，"领域边界对本地和非本地力量流动的影响并不绝对，因为这些边界通常是可渗透的"（the effects of territorial boundaries on the flows of local and non-local forces are not absolute as the boundaries are generally porous）（Ma，2005）。

5.1.2　自然地理区划

在工业革命之前，落后的物质条件极大限制了人们的移动和相关的社会经济活动。因此，地理环境影响并塑造了城市间的互动。而后，工业化通过大规模交通基础设施的快速建设大大提高了区域间流动性和可达性，且信息技术的发展削弱了物理空间对跨区域联系的限制，促进了远距离的便捷交流。即便如此，自然边界仍可能作为社会和经济互动的重要约束框架，特别是涉及区域尺度上的社会和经济互动过程。例如，位于浙江省东北部平原的长三角区域通过一系列河流与北方的其他城市紧密相连，由河流相连产生的网络被认为是其繁荣的一个重要原因（林国铮，1992）。因此，本章将地表形态作为表征地理环境的主要指标，基于 15 个不同的自然地理区划类型展示了长三角的区域划分。需要说明的是，此划分基于安徽省和江苏省的主体功能区划以及浙江省在其政府网站上的区域介绍形成。

5.1.3　方言区划

语言上的亲缘关系同样可以巩固社会空间上的分离和聚集（Wu et al.，2016），从而在区域的（再）生产中发挥重要作用。在中国的文化背景下，除了官方语言普通话以外，还存在着多元的地方方言，如吴语和徽语。这些方言的形成与历史时期的行政区划息息相关，且对于当今中国的社会经济互动也至关重要，一个典型的例子是温州独特的瓯江片方言促使该地区形成了以本土地方机构为主导的商业网络（Wei et al.，2007）。本章通过划分 4 个方言区（中原官话区域、吴语区、江淮语区、徽语区）和 12 个方言片区描绘了长三角的方言分布情况，展示出长三角基于方言的文化区划。原始数据来自中国社会科学院组织的全国方言调查的成果，即《中国语言地图集（第2版）：汉语方言卷》。总体而言，长三角内部的方言具有多样性，其中太湖方言片区涵盖的区域大致与长三角的核心区域相符。

5.1.4 区域经济联盟

中国经济和行政重组的另一个产物是针对区域间同质化和竞争加剧而出现的城市间合作联盟。这种区域经济联盟通过迅速增加的区域规划、正式/非正式的区域合作和行政调整表现出来（Li and Wu，2013；Ma，2005），譬如中央政府通过中央主导的多个区域规划重申其在区域治理中的地位（Chen et al.，2014）。同时，地方政府也愈加渴望被指定为"城市区域"，以追求经济利益并展示其战略重要性（Wu and Zhang，2007；Liu et al.，2016）。因此，长三角的空间组织被重组成一系列具有碎片化和重叠化特征的区域联盟（Chen et al.，2013）。本章主要以中央政府参与提出的城市区域作为长三角内区域联盟的主要样本，绘制了 2010～2016 年涵盖多个长三角城市的区域联盟（表 5-1）。以南京为例，南京被纳入 3 个区域联盟中，即《苏南现代化建设示范区规划》《南京都市圈区域规划》《长江三角洲地区区域规划》，这表明南京分别与苏南、南京都市圈和长三角核心区具有密切合作。

表 5-1　长三角 91 个建制市 4 种领域类别划分

地级及以上行政区	行政区划（建制市）	自然地理区划	方言区划	区域经济联盟（按相应规划统计）
上海	上海	苏南平原	吴语太湖片	长江三角洲地区区域规划
南京	南京	苏南平原	江淮官话洪巢片	苏南现代化建设示范区规划、南京都市圈区域规划、长江三角洲地区区域规划
无锡	无锡	苏南平原	吴语太湖片	苏南现代化建设示范区规划、长江三角洲地区区域规划
	江阴	苏南平原	吴语太湖片	苏南现代化建设示范区规划、长江三角洲地区区域规划
	宜兴	苏南平原	吴语太湖片	苏南现代化建设示范区规划、长江三角洲地区区域规划
徐州	徐州	黄淮平原	中原官话徐淮片	长江三角洲地区区域规划
	新沂	黄淮平原	中原官话徐淮片	长江三角洲地区区域规划
	邳州	黄淮平原	中原官话徐淮片	长江三角洲地区区域规划

续表

地级及以上行政区	行政区划（建制市）	自然地理区划	方言区划	区域经济联盟（按相应规划统计）
常州	常州	苏南平原	吴语太湖片	苏南现代化建设示范区规划、长江三角洲地区区域规划
	溧阳	苏南平原	吴语太湖片	苏南现代化建设示范区规划、长江三角洲地区区域规划
	金坛	苏南平原	吴语太湖片	苏南现代化建设示范区规划、长江三角洲地区区域规划
苏州	苏州	苏南平原	吴语太湖片	苏南现代化建设示范区规划、长江三角洲地区区域规划
	常熟	苏南平原	吴语太湖片	苏南现代化建设示范区规划、长江三角洲地区区域规划
	张家港	苏南平原	吴语太湖片	苏南现代化建设示范区规划、长江三角洲地区区域规划
	昆山	苏南平原	吴语太湖片	苏南现代化建设示范区规划、长江三角洲地区区域规划
	太仓	苏南平原	吴语太湖片	苏南现代化建设示范区规划、长江三角洲地区区域规划
南通	南通	东部沿海平原	江淮官话泰如片	江苏沿海地区发展规划、长江三角洲地区区域规划
	启东	东部沿海平原	吴语太湖片	江苏沿海地区发展规划、长江三角洲地区区域规划
	如皋	东部沿海平原	江淮官话泰如片	江苏沿海地区发展规划、长江三角洲地区区域规划
	海门	东部沿海平原	吴语太湖片	江苏沿海地区发展规划、长江三角洲地区区域规划
连云港	连云港	黄淮平原	江淮官话洪巢片	江苏沿海地区发展规划、长江三角洲地区区域规划
淮安	淮安	黄淮平原	江淮官话洪巢片	南京都市圈区域规划、长江三角洲地区区域规划
盐城	盐城	江淮平原	江淮官话洪巢片	江苏沿海地区发展规划、长江三角洲地区区域规划
	东台	东部沿海平原	江淮官话泰如片	江苏沿海地区发展规划、长江三角洲地区区域规划
	大丰	东部沿海平原	江淮官话泰如片	江苏沿海地区发展规划、长江三角洲地区区域规划
扬州	扬州	江淮平原	江淮官话洪巢片	南京都市圈区域规划、长江三角洲地区区域规划
	仪征	江淮平原	江淮官话洪巢片	南京都市圈区域规划、长江三角洲地区区域规划
	高邮	江淮平原	江淮官话洪巢片	南京都市圈区域规划、长江三角洲地区区域规划
镇江	镇江	苏南平原	江淮官话洪巢片	苏南现代化建设示范区规划、南京都市圈区域规划、长江三角洲地区区域规划

续表

地级及以上行政区	行政区划（建制市）	自然地理区划	方言区划	区域经济联盟（按相应规划统计）
镇江	丹阳	苏南平原	吴语太湖片	苏南现代化建设示范区规划、南京都市圈区域规划、长江三角洲地区区域规划
	扬中	江淮平原	江淮官话洪巢片	苏南现代化建设示范区规划、南京都市圈区域规划、长江三角洲地区区域规划
	句容	苏南平原	江淮官话洪巢片	苏南现代化建设示范区规划、南京都市圈区域规划、长江三角洲地区区域规划
泰州	泰州	江淮平原	江淮官话泰如片	长江三角洲地区区域规划
	兴化	江淮平原	江淮官话泰如片	长江三角洲地区区域规划
	泰兴	江淮平原	江淮官话泰如片	长江三角洲地区区域规划
	靖江	江淮平原	吴语太湖片	长江三角洲地区区域规划
宿迁	宿迁	黄淮平原	中原官话徐淮片	长江三角洲地区区域规划
杭州	杭州	浙北平原	吴语太湖片	浙江海洋经济发展示范区规划、杭州都市经济圈转型升级综合改革试点、长江三角洲地区区域规划
	建德	浙西丘陵	吴语金衢片	杭州都市经济圈转型升级综合改革试点、长江三角洲地区区域规划
	临安	浙西丘陵	吴语太湖片	杭州都市经济圈转型升级综合改革试点、长江三角洲地区区域规划
	富阳	浙北平原	吴语太湖片	杭州都市经济圈转型升级综合改革试点、长江三角洲地区区域规划
宁波	宁波	浙北平原	吴语太湖片	浙江海洋经济发展示范区规划、长江三角洲地区区域规划
	余姚	浙北平原	吴语太湖片	浙江海洋经济发展示范区规划、长江三角洲地区区域规划
	慈溪	浙北平原	吴语太湖片	浙江海洋经济发展示范区规划、长江三角洲地区区域规划
	奉化	浙东丘陵	吴语太湖片	浙江海洋经济发展示范区规划、长江三角洲地区区域规划
温州	温州	东南沿海平原	吴语瓯江片	浙江海洋经济发展示范区规划、海峡西岸经济区发展规划、长江三角洲地区区域规划
	瑞安	东南沿海平原	吴语瓯江片	浙江海洋经济发展示范区规划、海峡西岸经济区发展规划、长江三角洲地区区域规划
	乐清	东南沿海平原	吴语瓯江片	浙江海洋经济发展示范区规划、海峡西岸经济区发展规划、长江三角洲地区区域规划
嘉兴	嘉兴	浙北平原	吴语太湖片	浙江海洋经济发展示范区规划、杭州都市经济圈转型升级综合改革试点、长江三角洲地区区域规划
	海宁	浙北平原	吴语太湖片	浙江海洋经济发展示范区规划、杭州都市经济圈转型升级综合改革试点、长江三角洲地区区域规划

续表

地级及以上行政区	行政区划（建制市）	自然地理区划	方言区划	区域经济联盟（按相应规划统计）
嘉兴	平湖	浙北平原	吴语太湖片	浙江海洋经济发展示范区规划、长江三角洲地区区域规划
	桐乡	浙北平原	吴语太湖片	杭州都市经济圈转型升级综合改革试点、长江三角洲地区区域规划
湖州	湖州	浙北平原	吴语太湖片	杭州都市经济圈转型升级综合改革试点、长江三角洲地区区域规划
绍兴	绍兴	浙北平原	吴语太湖片	浙江海洋经济发展示范区规划、杭州都市经济圈转型升级综合改革试点、长江三角洲地区区域规划
	诸暨	浙东丘陵	吴语太湖片	杭州都市经济圈转型升级综合改革试点、长江三角洲地区区域规划
	嵊州	浙东丘陵	吴语太湖片	长江三角洲地区区域规划
金华	金华	金衢盆地	吴语金衢片	长江三角洲地区区域规划
	兰溪	金衢盆地	吴语金衢片	长江三角洲地区区域规划
	义乌	金衢盆地	吴语金衢片	长江三角洲地区区域规划
	东阳	金衢盆地	吴语金衢片	长江三角洲地区区域规划
	永康	金衢盆地	吴语金衢片	长江三角洲地区区域规划
衢州	衢州	金衢盆地	吴语金衢片	海峡西岸经济区发展规划、长江三角洲地区区域规划
	江山	金衢盆地	吴语上丽片	海峡西岸经济区发展规划、长江三角洲地区区域规划
舟山	舟山	浙北平原	吴语太湖片	浙江海洋经济发展示范区规划、长江三角洲地区区域规划
台州	台州	浙东丘陵	吴语台州片	浙江海洋经济发展示范区规划、长江三角洲地区区域规划
	临海	浙东丘陵	吴语台州片	浙江海洋经济发展示范区规划、长江三角洲地区区域规划
	温岭	东南沿海平原	吴语台州片	浙江海洋经济发展示范区规划、长江三角洲地区区域规划
丽水	丽水	浙南山地	吴语上丽片	海峡西岸经济区发展规划、长江三角洲地区区域规划
	龙泉	浙南山地	吴语上丽片	海峡西岸经济区发展规划、长江三角洲地区区域规划
合肥	合肥	江淮丘陵	江淮官话洪巢片	皖江城市带承接产业转移示范区规划
	巢湖	江淮丘陵	江淮官话洪巢片	皖江城市带承接产业转移示范区规划
芜湖	芜湖	沿江平原	江淮官话洪巢片	南京都市圈区域规划、皖江城市带承接产业转移示范区规划、皖南国际文化旅游示范区建设发展规划纲要
蚌埠	蚌埠	淮北平原	中原官话信蚌片	中原经济区规划
淮南	淮南	江淮丘陵	江淮官话洪巢片	

续表

地级及以上行政区	行政区划（建制市）	自然地理区划	方言区划	区域经济联盟（按相应规划统计）
马鞍山	马鞍山	沿江平原	江淮官话洪巢片	南京都市圈区域规划、皖江城市带承接产业转移示范区规划、皖南国际文化旅游示范区建设发展规划纲要
淮北	淮北	淮北平原	中原官话徐淮片	中原经济区规划
铜陵	铜陵	沿江平原	江淮官话洪巢片	皖江城市带承接产业转移示范区规划、皖南国际文化旅游示范区建设发展规划纲要
安庆	安庆	沿江平原	江淮官话黄孝片	大别山革命老区振兴发展规划、皖江城市带承接产业转移示范区规划、皖南国际文化旅游示范区建设发展规划纲要
	桐城	皖西-大别山区	江淮官话黄孝片	大别山革命老区振兴发展规划、皖江城市带承接产业转移示范区规划、皖南国际文化旅游示范区建设发展规划纲要
黄山	黄山	皖南山区	徽语区	皖南国际文化旅游示范区建设发展规划纲要
阜阳	阜阳	淮北平原	中原官话商阜片	中原经济区规划
	界首	淮北平原	中原官话商阜片	中原经济区规划
亳州	亳州	淮北平原	中原官话商阜片	中原经济区规划
宿州	宿州	淮北平原	中原官话商阜片	中原经济区规划
滁州	滁州	江淮丘陵	江淮官话洪巢片	南京都市圈区域规划、皖江城市带承接产业转移示范区规划
	天长	江淮丘陵	江淮官话洪巢片	南京都市圈区域规划、皖江城市带承接产业转移示范区规划
	明光	江淮丘陵	江淮官话洪巢片	南京都市圈区域规划、皖江城市带承接产业转移示范区规划
六安	六安	皖西-大别山区	江淮官话洪巢片	大别山革命老区振兴发展规划
池州	池州	沿江平原	江淮官话洪巢片	皖江城市带承接产业转移示范区规划、皖南国际文化旅游示范区建设发展规划纲要
宣城	宣城	沿江平原	江淮官话洪巢片	南京都市圈区域规划、皖江城市带承接产业转移示范区规划、皖南国际文化旅游示范区建设发展规划纲要
	宁国	皖南山区	徽语区	南京都市圈区域规划、皖江城市带承接产业转移示范区规划、皖南国际文化旅游示范区建设发展规划纲要

5.2 数据与方法

5.2.1 从微博中获取个体移动信息

微博是用户量庞大且活跃度高的社交网络平台，深受国内互联网用户的青睐。微博用户可以发布表达心情和记录日常活动的短文本，还可以通过"地理标记"服务分享其位置。一个带有地理标记的帖子包含用户发布消息的地点和时间信息，因此，在不同城市多重标记信息的用户有可能反映他/她的城际移动性。另外，在之前的研究中（Zhang et al.，2016），利用微博数据刻画城际移动模式的潜力已被验证。

微博提供了一个公开的 API，供应用程序开发人员搜索和下载信息。基于 API，笔者收集了在长三角内提交的带有地理标记的记录。该数据集时间跨度为 2014 年 1 月至 2014 年 11 月，包含了 5352 万条地理标记记录，占同一地区和时期提交的所有微博记录的 6.05%。这些地理标记记录由 703 万用户发布，占该地区月活跃用户的 32.89% 和整个地区总人口的 3.09%。这些记录提供了有关帖子内容以及与帖子相关的空间（地理坐标）和时间信息。

遵循 Llorente 等（2015）生成并记录 Twitter 用户城际旅行的方法，如果用户连续两天内在两个城市连续发布了地理标记的记录，则假定用户发生了一次城际移动。采用连续两天作为时间限制主要是因为两天的持续时间确保微博用户可以在距离最远的城市之间旅行——长三角跨城最长旅行时间约为 10 小时——并有足够的时间发布地理标记记录。此外，如果采用更长的时间间隔将降低从连续发布的记录中推导城际直接移动的可靠性。最终生成的数据集包括长三角城市之间的超过 78 万条城际出行记录。为更利于理解，假设某一用户在 2014 年的 5 月在 6 个城市发布了 7 条含有地理标记的微博记录，图 5-1 基于该假设案例展示了城际移动网络的构建方式。

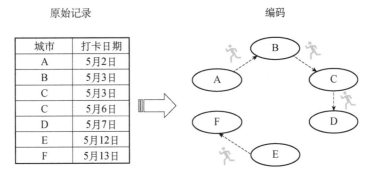

图 5-1　基于微博签到记录探测城际移动的示意图

5.2.2 基于城际人口流动的区划方法

基于城际人口流动进行区划的目的是将长三角划分为更小的子区域，在这些子区域中，城市之间的联系更加紧密。社会网络分析中的社群检测方法是将网络划分为具有更强连接的社群，本章基于模块度优化的贪婪算法（Clauset et al.，2004），对长三角的人口流动网络进行社群划分。该方法是一种通过优化 Newman-Girvan 模块度（Girvan and Newman，2002）的社群结构探测技术。由于许多网络具有分层嵌套结构，该方法通过逐步探测便于识别这些嵌套的社群结构。具体的社群探测过程在 R 统计平台上使用 igraph 包（Csardi and Nepusz，2006）进行。首次探测时，有 4 个社群被识别（表 5-2）。然而，这 4 个生成的社群未能揭示长三角在更小尺度上的碎片化空间（例如，长三角由 12 个方言片区、15 种自然地理区划和 11 个区域经济联盟组成）。为解决这个问题，笔者在第一步社群内探测了（子）社群，由此生成的区划是一个双层区域划分。

5.2.3 基于属性和城际交互的区划对比

通过评估在一种区域划分中属于同一组的两个城市在另一种区域划分中是否也属于同一组，可以实现两种区域划分的比较。为此，笔者提出以下评估这一概率的标准。

$$F(P,P') = N1 \big/ NP \tag{5-1}$$

其中，$F(P,P')$ 表示基于属性的区划（P）和基于城际交互的区划（P'）之间的相关指数；$N1$ 表示在 P 和 P' 下同属于一组的城市对的数量；NP 表示基于城际属性区划的组团内的城市对数量。然而，$F(P,P')$ 的可能最大值取决于 $N1$ 的可能最大值，若 $N1$ 的可能最大值比 NP 小，那么 $F(P,P')$ 的可能最大值也小于 1。为了方便比较，将 $F(P,P')$ 进行归一化处理以使所有数值在 $[0,1]$ 范围内，其中 0 表示绝对不相关，1 表示完全相关。归一化通过以下公式进行：

$$F'(P,P') = F(P,P') \big/ F_{\max}(P,P') \tag{5-2}$$

$$F_{\max}(P, P') = \mathrm{Min}(NP, NP') \Big/ NP \tag{5-3}$$

其中，$F'(P, P')$ 表示归一化相关指数；$F_{\max}(P, P')$ 表示 $F(P, P')$ 可能的最大值；NP' 表示 P' 下组内的城市对数量；$\mathrm{Min}(NP, NP')$ 表示 NP 和 NP' 的最小值。借用式（5-1）到式（5-3）可对基于互动的区划与四类基于不同属性（自然、经济、文化、行政）的区划方案进行比较。

5.2.4　子区域内部连通性的基准对比

为进一步探测基于城际交互的区划与基于属性的区划的关系，本小节对基于属性的区划中子区域的区域内连通性进行了基准对比，步骤如下。

首先，计算每个子区域内部连通性的主导指数（dominant index，DI）。该指数是子区域内部城市间联系的平均强度与城市对外联系的平均强度之比：

$$DI = \mathrm{Intra-connectivity} \Big/ \mathrm{Extra-connectivity} \tag{5-4}$$

然后，将每个子区域的内部连通性的主导指数与基于城际交互的区划中子区域的内部连通性的平均主导指数相比较：

$$DI' = DI \Bigg/ \sum_{j=1}^{J} \left(DI_j \Big/ J \right) \tag{5-5}$$

其中，DI' 是经过基准对比的属性区划中子区域内部连通性的指数；DI_j 是基于城际交互的区划中子区域 j 的内部连通性的主导指数。值大于 1 表示该子区域的区域整合程度大于基于城际交互区划中各区域的平均整合程度，而值小于 1 表示该子区域的区域整合程度小于基于城际交互区划中各区域的平均整合程度。

5.3　基于城际交互的长三角区划方案

表 5-2 展示了基于城际交互的长三角的双层区域划分方案。社区探测的第一步产生了 4 个子区域，分别为中部、北部、西部和南部子区域；接着，

对这些子区域的迭代检测产生了 14 个第二层子区域，根据它们的主要城市（即地级市）进行标记。这些分区的平均模块度（M = 0.31）表明产生的子区域中存在强社群结构（Newman，2006）。通过比较使用 Walktrap 和 MultiLevel 算法获得的结果来测试这一结果的稳健性，结果显示，从不同方法获得的社群结果非常相似。

根据这一区域划分，可以得出两个初步结论。首先，同一社群内的城市在空间上是完全相邻的。如果考虑到生成的分区是基于网络拓扑而不是考虑城市的空间属性，那么所有社群组成城市均空间相邻的特征证明了距离和空间相邻对城市间连接仍然产生了基础性影响（Tobler，1970）。其次，除了中部的子区域外，第一层子区域的领域基本上符合省界划分规律，而第二层子区域也对应于已有的、整合的社会经济集群。例如，2014 年提出的《宁镇扬同城化发展规划》强化了南京、镇江和扬州作为城际组团的密集联系，而这在区划方案中清晰可见。温州方言区由于其方言复杂性，也作为一个独立的社群结构被识别出。此外，黄淮平原的城市由于相似的文化背景和产业结构，以及共同经历了多次大规模黄河洪水和冲淤事件（强化了该地区居民的亲近感和自我认同感）（邹逸麟等，1993），其集群结构在该区域划分中也得到了体现。

表 5-2 基于城际交互的长三角区划方案

一层子区域	二层子区域	城市
南部子区域	金华-衢州-丽水组团	金华、兰溪、义乌、东阳、永康、衢州、江山、丽水、龙泉
	宁波-舟山组团	宁波、余姚、慈溪、奉化、舟山
	温州	温州、瑞安、乐清
	台州	泰州、临海、温岭
西部子区域	芜湖-马鞍山-宣城组团	巢湖、芜湖、马鞍山、宣城、宁国
	合肥-亳州-六安组团	合肥、淮南、富阳、界首、亳州、六安
	蚌埠-淮北-宿州-滁州组团	蚌埠、淮北、苏州、滁州、明光
	铜陵-安庆-黄山-池州组团	铜陵、安庆、桐城、黄山、池州
中部子区域	上海-苏州-无锡组团	上海、无锡、苏州、常熟、昆山、太仓
	杭州-嘉兴-湖州-绍兴组团	杭州、建德、临安、富阳、嘉兴、海宁、平湖、桐乡、湖州、绍兴、诸暨、嵊州

一层子区域	二层子区域	城市
北部子区域	常州-泰州组团	江阴、宜兴、常州、溧阳、金坛、张家港、泰州、兴化、泰兴、靖江
北部子区域	南京-扬州-镇江组团	南京、扬州、仪征、高邮、镇江、丹阳、扬中、句容、天长
	南通-盐城组团	南通、启东、如皋、海门、盐城、东台、大丰
	徐州-连云港-淮安-宿迁组团	徐州、新沂、邳州、连云港、淮安、宿迁

5.4　不同区划方案的比较

表 5-3 总结了基于城际交互的区域划分与基于不同属性的区域划分之间的相关指数。总体而言，基于属性的区域划分与基于城际交互的区域划分中所反映的城际连接模式存在明显的相关性（相关指数超过 0.45，意味着在两种区划中有超过 45% 的城市对属于同一组）。值得注意的是，行政边界对城际连接的影响最大，相关指数不小于 0.90。此外，这些相关性在子区域层次上有所变化。例如，区域经济联盟与第一层子区域有更紧密的联系（相关指数为 0.84），而与第二层子区域的连接强度大大减小（相关指数为0.48）。因此，基于属性的区域划分的内部连接性应根据不同层级进行分别讨论。

表 5-3　基于城际交互的区划方案同基于属性的区划方案的相关指数

基于属性的区划方案	基于城际交互的区划方案	
	第一层划分	第二层划分
省级单元	0.90	0.96
地级市单元	0.91	0.9
方言区	0.56	0.75
次级方言区	0.45	0.63
地形区	0.70	0.52
区域经济联盟	0.84	0.48

为了确定基于城际交互的区域划分与基于属性的区域划分之间的主要相

似性和差异性，通过评估以下几个方面进行分析：跨（行政）边界的城市、不同地形区的内部连通性、不同方言区的内部连通性和区域经济联盟的内部连通性。

5.4.1 跨（行政）边界的城市

跨（行政）边界城市的确定基于以下两个条件：①如果一个城市及其所在社群中超过一半的城市属于不同的省份，该城市被定义为跨省边界城市；②如果一个县级城市及其上级地级市属于不同的社群，该县级城市被定义为跨地级边界城市。表 5-4 展示了这些城市的跨界情况，发现了几点重要结论。①在生成的基于城际交互的区划中，由于中部子区域包括环绕上海的主要城市，大多数跨省边界城市位于江苏省和浙江省的环上海周边区域。此外，尽管江阴和宜兴在行政关系上属于无锡（地级市），张家港属于苏州（地级市），但未被放置在中部子区域中。这种"地级市边界突破"主要归因于两个因素。一方面，在中国的县级城市中，这 3 个城市的出色经济表现使它们能够积累强大的财政实力和行政能力，减少对上级地级市的依赖；另一方面，这些城市距离上海的通勤距离较远，且在研究时段缺乏直接的高铁连接。相比之下，该地区的其他城市，如太仓和昆山，位于上海的通勤范围内，吸引了诸多跨城通勤的上海务工人员，在生成的区域划分中表现出归属于上海集群的特征。②天长打破了省和地级市的边界。这种"边界突破"可以从两个角度理解。地理上，天长被誉为"安徽省的东门"，距离江苏省的地级市扬州比其上级地级市滁州更近。历史上，在唐宋时期，天长在很长一段时间内是扬州的一部分，有着与扬州相似的方言。因此，空间和历史因素以及扬州更发达的经济水平均促进了天长与扬州之间的密切联系。此外，巢湖的"跨界"可以归因于安徽省政府实施的行政区划调整。在 2011 年，原巢湖地级市被划分为三个部分，其中一部分（巢湖区）更名为（新）巢湖，并作为一个县级城市并入合肥市。也就是说，如今的巢湖被人为地指定为合肥的一部分，其表现出的"跨界"实际上是行政调整的产物。

表 5-4　长三角的跨界城市

跨界类型	城市
跨省边界城市	无锡、苏州、常熟、昆山、太仓、杭州、建德、临安、富阳、嘉兴、海宁、平湖、桐乡、湖州、绍兴、诸暨、嵊州、天长
跨地级市边界城市	江阴、宜兴、张家港、天长、巢湖

5.4.2　地形对城际联系的约束

在这 15 个根据地形划分的子区域中，平原和盆地之间的内部连通性比丘陵和山地区域更大（表 5-5）。其中，苏南平原和东南沿海平原的内部连通性甚至超过了基于城际交互生成的子区域的平均连通水平。值得注意的是，内部连通性仅仅是一个相对度量（与涉及城市的外部连通性相比较）。因此，这意味着同丘陵和山地区域相比，平原和盆地之间的内部连通性较外部连通性更高。除了平原和盆地具有相对较密集的交通网络，而丘陵和山地具有相对较稀疏的网络之外，丘陵和山地区域通常与外部城市建立更多连接，以接入更广阔的市场和更强大的经济实体。然而，浙南山地区域（包括龙泉和丽水）是一个例外，这主要归结于它们之间具有紧密的行政隶属关系。

表 5-5　15 个地形区的内部基准连通性（DI′）

排名	地形区	基准连通性	排名	地形区	基准连通性
1	苏南平原	1.87	9	浙北平原	0.55
2	东南沿海平原	1.64	10	江淮丘陵	0.4
3	浙南山地	0.84	11	江淮平原	0.36
4	金衢盆地	0.79	12	浙东丘陵	0.34
5	东部沿海平原	0.75	13	皖南山地	0.17
6	黄淮平原	0.71	14	皖西-大别山地	0.07
7	沿江平原	0.62	15	浙西丘陵	0.02
8	淮北平原	0.58			

5.4.3　方言区对城际联系的约束

表 5-6 和表 5-7 展示了 4 个方言区和 10 个方言片区（次级方言区）的内部连通性，发现方言片区相较于方言区具有更高的内部连通性。在方言区层

面上，中原官话区域和吴语区是两个内部连通性最强的区域。这两个方言区的高度整合可归因于其在长三角地区独特的地理和经济位置。中原官话区域位于长三角的北部边缘，在文化和经济上与中原地区有更紧密的联系，而与长三角其他地区的联系较稀疏。此外，吴语区无疑是长三角地区的经济核心区域，在区域内具有更紧密的城际连接（尽管现今长三角的地理范围已大大超出了吴语区的范围，但在历史上长三角曾被视为等同于吴语区）（Wang and Sun，2015）。在方言片区层面上，欧江和台州方言片区的内部连通性最强，且在区划中呈现为两个独立的集群。这两个区域独特的方言体系，促使当地居民培养了强烈的认同感，并形成了紧密、基于信任的社会网络（Wei et al.，2007）。

表 5-6　4 个方言区的内部基准连通性

排名	方言区	基准连通性
1	中原官话区域	0.44
2	吴语区	0.34
3	江淮语区	0.2
4	徽语区	0.17

表 5-7　10 个次级方言区的内部基准连通性

排名	次级方言区	基准连通性	排名	次级方言区	基准连通性
1	欧江片	2.97	6	商阜片	0.49
2	台州片	2.9	7	泰如片	0.44
3	黄孝片	1.26	8	太湖片	0.43
4	金衢片	0.71	9	商丽片	0.34
5	徐淮片	0.61	10	洪巢片	0.25

5.4.4　区域经济联盟的内部连通性

区域经济联盟有些时候是邻近城市的行政"联姻"，而未必能够完全反映实际城市区域内部的一体性（Liu et al.，2016）。表 5-8 中呈现的是 11 个区域经济联盟的内部基准连通性，可以发现所有区域的内部连通性均低于基于城际交互生成的子区域的平均连通水平。换言之，从人口城际流动的角度看，这些区域的内部整合相对较弱。这一观点与 Li 和 Wu（2013）的看法一致，即"地方政府通过区域规划以争取发展，而不是协调"。

表 5-8　11 个区域经济联盟的内部基准连通性

排名	中央政府主导的区域联盟	基准连通性	排名	中央政府主导的区域联盟	基准连通性
1	海峡西岸经济区	0.86	7	长江三角洲地区区域规划界定范围	0.37
2	苏南现代化建设示范区	0.62	8	大别山革命老区	0.31
3	杭州都市经济圈	0.58	9	南京都市圈	0.25
4	皖南国际文化旅游示范区	0.52	10	浙江海洋经济发展示范区	0.22
5	江苏沿海地区	0.52	10	中原经济区	0.22
6	皖江城市带承接产业转移示范区	0.4			

5.5　本 章 小 结

本章从人口日常城际流动的角度研究了长三角的区域划分。通过长三角基于属性分区与基于城际交互分区的对比讨论，增强了对长三角城市群内部组团化的认识，丰富了对"网络"和"领域"在区域（再）生产中关系的理解。由于城市群表现出自然、经济、文化和行政因素空间破碎的特点，对长三角基于城际交互的区划结果的讨论需要根植在中国独特的区域和城市发展背景中。具体来说，行政边界，尤其是省份边界，对城际联系存在强烈影响。一些经济发展良好、具有独特地理位置和历史特征以及存在行政区划调整的城市被识别为"跨界"城市。同时，山地等地形和方言文化区对区域交互的限制作用仍显著存在。此外，通过评估区域经济联盟的连通性，发现政府主导的区域组团对于区域城际交互的积极影响相对薄弱。

以上实证结果也引发了对领域和网络共同参与区域生产的思考。研究发现区域的形成是通过相互连接的社会经济活动来界定的；尽管不同物理、经济、文化和行政空间对区域整合的影响是截然不同且相互渗透的，"有界"的网络组织可以被看作是嵌入领域空间的产物。此外，经济地理学中"区域路径依赖"的逻辑对理解区域（再）生产也具有启发意义，即基于城际交互的区划模式和跨界城市现象揭示了历史因素对于城市和区域发展的影响。

中央政府实施的新型城镇化战略中，推动城市群的发展亦被确定为国家空间发展的目标。区域规划越来越多地由多个地方政府联合发起，构建各种区域联盟成为城市区域发展战略的一部分。区域协同发展不仅是促进城际合作和追求集聚外部性的手段，也是吸引大规模投资基础设施的工具，还意味着中央政府的发展偏好。因此，地方政府争相发起或加入这些区域联盟。本章认为，政策制定者需要更为谨慎思考在区域联盟建设浪潮期间组成的城市是否实际上植根于密集的城际联系，或者仅仅只是经济政治利益驱使下的"联姻"。

参 | 考 | 文 | 献

林国铮. 1992. 浙江省经济地理. 北京: 新华出版社.

中国社会科学院语言研究所, 中国社会科学院民族学与人类学研究所. 2012. 中国语言地图集(第 2 版): 汉语方言卷. 北京: 商务印书馆.

邹逸麟, 张修桂, 满志敏, 等. 1993. 黄淮海平原历史地理. 合肥: 安徽教育出版社.

Amin A. 2004. Regions unbound: Towards a new politics of place. Geografiska Annaler: Series B, Human Geography, 86 (1): 33-44.

Chen H, Zhang J, Li X, et al. 2014. Rescaling as a leading national transformation project: Decoding state rescaling in China's changing central state—led regional planning. The China Review, 14 (1): 97-124.

Chen W, Song W, Yang G. 2013. The situation, dynamic and trend of urbanization in the city concentrated area of Yangtze River Delta. Bulletin of the Chinese Academy of Sciences, 28 (1): 28-38.

Clauset A, Newman M E J, Moore C. 2004. Finding community structure in very large networks. Physical Review E, 70 (6): 066111.

Csardi G, Nepusz T. 2006. The igraph software. Complex Systems, 1695: 1-9.

Girvan M, Newman M E. 2002. Community structure in social and biological networks. Proceedings of the National Academy of Sciences, 99 (12): 7821-7826.

Harrison J. 2013. Configuring the new 'regional world': On being caught between territory and networks. Regional Studies, 47 (1): 55-74.

Jonas A E G, Ward K. 2007. Introduction to a debate on city-regions: New geographies of governance, democracy and social reproduction. International Journal of Urban and Regional Research, 31 (1): 169-178.

Jones M. 2009. Phase space: geography, relational thinking, and beyond. Progress in Human Geography, 33 (4): 487-506.

Li Y, Wu F. 2013. The emergence of centrally initiated regional plan in China: A case study of Yangtze River Delta Regional Plan. Habitat International, 39: 137-147.

Lin G Z. 1992. Zhejiang Sheng Jinji Dili (Economic Geography of Zhejiang Province). Beijing: Xinhua Press.

Liu X, Derudder B, Wu K. 2016. Measuring polycentric urban development in China: An intercity transportation network perspective. Regional Studies, 50 (8): 1302-1315.

Llorente A, Garcia-Herranz M, Cebrian M, et al. 2015. Social media fingerprints of unemployment. PLoS One, 10 (5): e0128692.

Ma L J C. 2005. Urban administrative restructuring, changing scale relations and local economic development in China. Political Geography, 24 (4): 477-497.

Macleod G, Jones M. 2007. Territorial, scalar, networked, connected: In what sense a "regional world"? Regional Studies, 41 (9): 1177-1191.

Newman M E. 2006. Modularity and community structure in networks. Proceedings of the National Academy of Sciences, 103 (23): 8577-8582.

Painter J. 2010. Rethinking territory. Antipode, 42 (5): 1090-1118.

Tobler W R. 1970. A computer movie simulating urban growth in the detroit region. Economic Geography, 46 (sup1): 234-240.

Wang W S Y, Sun C. 2015. The Oxford Handbook of Chinese Linguistics. New York: Oxford University Press.

Wei Y D, Li W, Wang C. 2007. Restructuring industrial districts, scaling up regional development: A study of the Wenzhou model, China. Economic Geography, 83 (4): 421-444.

Wu F. 2002. China's changing urban governance in the transition towards a more market-oriented economy. Urban Studies, 39: 1071-1093.

Wu F, Zhang J. 2007. Planning the competitive city-region: The emergence of strategic development plan in China. Urban Affairs Review, 42 (5): 714-740.

Wu W, Wang J, Dai T. 2016. The geography of cultural ties and human mobility: Big data in urban contexts. Annals of the American Association of Geographers, 106 (3): 612-630.

Zhang J, Wu F. 2006. China's changing economic governance: Administrative annexation and the reorganization of local governments in the Yangtze River Delta. Regional Studies, 40 (1): 3-21.

Zhang W, Derudder B, Wang J, et al. 2016. Using location-based social media to chart the patterns of people moving between cities: The case of weibo-users in the Yangtze River Delta. Journal of Urban Technology, 23 (3): 91-111.

第六章 层级与网络并存：长三角的分层网络联系

　　区域组织的网络化发展并不意味着传统基于克里斯塔勒（Christaller）中心地理论的区域等级结构的消失，尤其是中国城市的行政属性在某种程度上决定了不同行政等级城市在区域体系中的地位差异。因此，中国城市群层级结构和网络化特征实质上共同存在且相互影响（Cartier，2015）。已有研究多基于企业联系（刘清等，2021）、交通基础设施互通（Zhang et al.，2018）、府际合作（龚胜生等，2014）、知识往来（戴靓等，2023）等视角解析城市群网络构造，虽然多数也观察到城市群内部网络化和层级共存的模式（张维阳等，2023；杨卓等，2020），但鲜有研究在区域分层结构的基础上进行网络模式与形成机制的分析。此外，就城市群网络组织的形成机制而言，结构效应和外部动力共同塑造了城市网络结构，已有研究对结构效应和外部动力对网络与层级结构的交互影响认识不足。

　　本章基于企业联系数据，系统分析长三角城市群网络与层级构造共存的模式及机制。虽然长三角城市群一体化和网络化发展程度较高，但由于覆盖面较广、城市组成多元、规划范围不断扩大等原因表现出明显的层级性特征。因此，本章综合考虑空间连续性、节点连接性和长三角一体化演进态势，将长三角划分为中心层和外围层，借助《福布斯》全球企业 2000 强中的中资企业网络数据和多层指数随机图模型（multi-level exponential random graph model，ML-ERGM）分析长三角城市群网络化与层级结构特征，并揭示基础/复杂结构效应与城市经济规模、城际物理距离、城际交通可达性、行政边界效应等外部非结构因素对长三角城市群区域组织结构的影响。

6.1.1 研究区域与数据来源

本章选取 2019 年中共中央、国务院印发的《长江三角洲区域一体化发展规划纲要》中的 41 个城市为长三角区域范围。其中，2010 年发布的《长江三角洲地区区域规划》明确了包括上海、南京、杭州在内的 16 个城市为核心区，不仅是传统长三角城市群的空间范围，也是城际联系最为密集且空间连续的组团。因此，本章将这 16 个城市定义为中心层，中心层内部联系用 16×16 的矩阵 $A = [A_{ij}]$ 来表示；其余 25 个城市则为外围层，外围层内部联系用 25×25 的矩阵 $B = [B_{mn}]$ 来表示；两层之间的网络为 X 层，层间联系用 16×25 的矩阵 $X = [X_{ab}]$ 来表示，详见图 6-1。

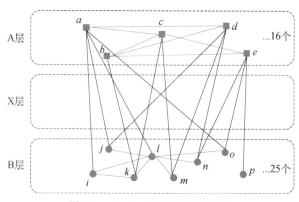

图 6-1 A、B、X 层网络示意图

企业数据来源于 2019 年《福布斯》全球企业 2000 强中的中资企业排行榜，筛选出总部位于长三角的 54 家中资企业总部及其分布在长三角的 286 家分支机构：中心层城市包含 47 家总部以及 188 家分支机构，外围层城市包含 7 家总部以及 98 家分支机构。其中，企业总部是指企业的实际总部地点而非注册地点，分支机构主要指企业的全资或控股子公司、分公司、办事处和代表处。企业总部及分支机构的信息主要通过企业官方网站获取，部分数据来源于企查查（https://www.qcc.com/）、天眼查（https://www.tianyancha.com/）等网站。

6.1.2　长三角企业网络的构建

基于企业联系构建城市网络的方法主要包括总部—分支隶属模型（Alderson et al.，2010）和链锁网络模型（Taylor and Derudder，2015）。其中，总部—分支隶属模型主要基于企业总部和各分支机构的位置信息，将总部与分支的联系映射为总部所在城市与分支所在城市之间的要素流联系（Alderson and Beckfield，2004）；而链锁网络模型强调分支机构之间也存在联系，将城市-企业的二模加权网络转换成城市-城市的一模联系网络（Taylor and Derudder，2015）。鉴于链锁网络模型趋于生成高密度网络，弱化了 ML-ERGM 等网络动力分析模型的检验效度，本章采用总部—分支隶属模型构建城际联系。即，总部与分支的联系投射为总部所在城市与分支所在城市之间的联系，并以两个城市拥有总部—分支联系的数量来衡量城市间的紧密度。具体来说，假设总部位于城市 i 的一个企业在城市 j 设立了分支机构，则认为城市 i 向城市 j 发送了一条连接；城市 i 向城市 j 发送的连接记为 T_{ij}。T_{ij} 不考虑分支机构的规模等级，仅考虑连接数量。汇总城市 i 和城市 j 之间总部—分支联系的数量，可以计算出城市 i 和城市 j 之间的联系强度 W_{ij}：

$$W_{ij} = \sum_{i=1}^{n} T_{ij} + \sum_{j=1}^{m} T_{ji} \qquad (6\text{-}1)$$

其中，n 表示总部位于城市 i 且分支机构位于城市 j 的全部企业数量；m 表示总部位于城市 j 且分支机构位于城市 i 的全部企业数量。

对于城际联系强度 W_{ij}，值越高意味着由于企业组织联系而产生的人员、信息、资金等城际流动会越频繁和密集，即两城市间要素流动的强度越高。与之对应的，城市的联系强度可以反映出城市的网络地位，值越高说明该城市与其他城市的联系强度总和越高，网络地位越重要。汇总城市 i 与其他所有城市的联系强度，可以计算出城市 i 的联系强度 C_i：

$$C_i = \sum_j W_{ij} \qquad (6\text{-}2)$$

6.1.3 多层指数随机图模型

指数随机图模型（exponential random graph model，ERGM）是常用的分析关系型数据的模型，不同于传统回归模型对变量的独立性要求，ERGM 以网络依赖理论为基础，符合城际联系所具有的相互依赖特征（戴靓等，2023）。ERGM 可以通过模拟估计和比较诊断，综合解释网络结构效应和非结构动力以及二者如何交互影响连接关系的发生（韩刚等，2021），能够较好地解决以往城市网络研究多强调外在非结构动力而忽视结构效应影响网络结构的问题（郭建杰和谢富纪，2021）。另外，Wang（2013）等人开发的MPNet 软件可用于构建多层指数随机图模型（ML-ERGM），用以分析多层网络的动力机制，具体模型如下：

$$\Pr\left(A=a, B=b, X=x\right) = \frac{1}{k(\theta)} \exp \sum_Q \left[\theta_Q z_Q(a) + \theta_Q z_Q(b) + \theta_Q z_Q(x) \right] \qquad (6\text{-}3)$$

其中，A、B、X 分别为中心层、外围层和层间网络；$k(\theta)$ 为保证模型服从正态分布的标准化常数；Q 指网络配置环境，假定配置内的相关变量之间存在依赖关系；θ_Q 为对应变量的待估参数；z_Q 为网络中各解释变量构成的向量集合。

本章借助 ML-ERGM 分析长三角城市群层级网络的结构效应及外在非结构动力对网络结构的影响。在模型分析中，采用逐步引入变量的迭代分析方法，即每增加一个变量，进行一次显著性检验和拟合度检验，根据 t 统计量的值判断输入变量对结果影响是否显著（$p < 0.1$），并根据贝叶斯信息量（BIC）和赤池信息量（AIC）来检验模型的拟合程度。若某一变量的估计值显著为正，则说明相应的结构效应倾向于发生。

模型引入的结构效应来源于网络关系的内部过程，可以分为基础结构效应和复杂结构效应。其中，基础结构效应主要检验网络拓扑中的三角结构、传递结构和放射结构，分别采用交互三角形（alternating triangle，AT）、交替双路径（alternating two path，ATP）、交替四循环（alternating four cycles，AFC）和交互 K 星（alternating star，AS）等统计量指代。需要说明的是，由于部分效应存在于不同层级且表现不同，因此下文采用"-A、-B、-X"的后缀形式区分 A 层、B 层和 X 层对应的效应。

如图 6-2 所示，三角结构指与同一个节点存在联系的两个节点之间存在产生连接关系的倾向，表征网络的闭合性，在网络中以 AT 来表示，图 6-2（a）为 A 层网络三角结构的示意图；传递结构指一个节点与两个非直接联系节点之间建立连接关系会使得更多节点选择与这两个节点建立连接关系，表征网络的中介性，在层内网络以 ATP 表示，图 6-2（b）为 A 层网络的传递结构。层间以 AFC 表示，按照跨层结构的方向，分为 AFCA-X 和 AFCB-X，如图 6-2（d）和（e）。其中，AFCA-X 表示 A 层城市如果与两个非直接联系的 B 层城市建立关系，会使更多 A 层城市与这两个 B 层城市建立关系；AFCB-X 则相反。放射结构指一个节点与多个节点联系可以促进更多连接关系的形成，表征网络的扩张性（韩刚等，2021）。在层内网络中以 AS 表示，图 6-2（c）显示了 A 层网络存在放射结构。层间以 ASA-X 和 ASB-X 表示，如图 6-2（f）和（g）所示。其中，ASA-X 表征多个 B 层城市与 A 层城市联系可以促进更多层间关系的产生；ASB-X 表征多个 A 层城市与 B 层城市联系可以促进更多层间关系的产生。此外，边参数（Edge）可以反映网络分布密度，若估计值显著为正，说明网络建立由随机过程产生，显著为负则说明网络建立受到特定因素的影响（戴靓等，2023）。复杂结构效应主要回答隶属于不同层级的城市间是否以及如何发生联系的拓扑规律。本章根据参数代表性，选择跨层三角结构（ATXAX/ATXBX）和跨层星结构（Star2AX/Star2BX）作为模型的复杂结构效应，详见图 6-2（h）～（k）。其中，跨层三角结构代表层间联系受到层内关系的影响而出现共享合作伙伴的趋势，即两个处于同一层网络且相互联系的城市在选择另一层合作伙伴时具有相似性；跨层星结构意味着城市倾向于与另一层内城市联系强度高的城市联系。若估计值显著为正，说明上述结构倾向于发生。

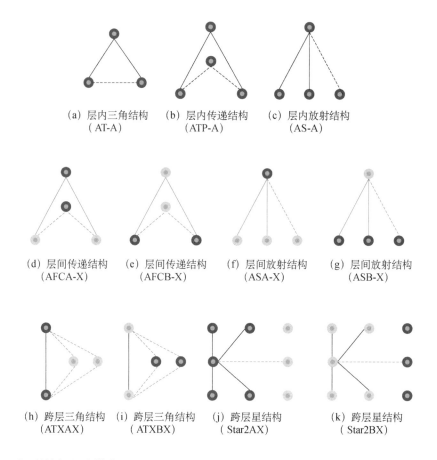

（a）层内三角结构　　（b）层内传递结构　　（c）层内放射结构
　　（AT-A）　　　　　　　（ATP-A）　　　　　　（AS-A）

（d）层间传递结构　（e）层间传递结构　（f）层间放射结构　（g）层间放射结构
　（AFCA-X）　　　　（AFCB-X）　　　　　（ASA-X）　　　　　（ASB-X）

（h）跨层三角结构　（i）跨层三角结构　（j）跨层星结构　　（k）跨层星结构
　（ATXAX）　　　　（ATXBX）　　　　　（Star2AX）　　　　（Star2BX）

●A层城市　●B层城市　——层内联系——层间联系▭已存在的城际联系┄┄可能存在的城际联系

图6-2　结构效应示意图（改编自 Wang et al.，2013）

外在非结构动力中，本章引入城际联系变量来检验其对网络整体结构的影响。研究首先考虑影响城际交互最基础的引力因素（即城市规模、距离）（Zhang et al.，2020），其次考虑长三角交通路网发达、行政层级复杂等特点，从城市经济规模、城际物理距离、城际交通可达性及行政边界效应四个维度（Sun et al.，2022）来构建城际联系的非结构动力影响变量。城市经济规模方面，企业联系与城市经济发展水平密切相关，城际经济业务联系紧密的城市更易吸引企业的异地投资与布局。本章采用两个城市生产总值的乘积作为城市经济交互潜力，其数值越高，意味着两个城市的整体经济规模和经济交往密度越大，数据来源于《中国城市统计年鉴》。城际物理距离方面，企业在地理区位接近的城市设立分支机构一定程度上有助于节省成本（赵渺希和李海燕，2019），但同时企业出于扩大腹地市场的目的又倾向在更远的城市进行布局。本章以两个城市间的欧氏距离作为距离联系变量，数据来源于百度地图开放平台（http://lbsyun.baidu.com）。城际交通可达性方面，城际交通联系便利了企业人才、技术、物资等要素的城际流动，是企业异地设置分支机构的主要考量因素（钱肖颖和孙斌栋，2021）。本章将两个城市之间公共汽车和铁路设施的日直达班次标准化后等权相加作为交通联系变量，其数值越高，意味着两个城市的交通网络越紧密。其中，汽车时刻表数据来源于票价搜索引擎（https://www.piaojia.cn），铁路数据来源于中国铁路12306网站（https://www.12306.cn）。行政边界效应方面，加入省份变量考察企业联系是否受到行政边界的影响。在本章中，若两个城市同属于同一省份，则赋值为1，否则为0。图6-3综合展示了ML-ERGM所引入的分析变量。考虑到部分解释变量加入会导致模型退化，造成模型结果不收敛，因此分别构建3个模型，即基础结构效应模型（模型1）、复杂结构效应模型（模型2）和非结构效应模型（模型3），如表6-1所示。

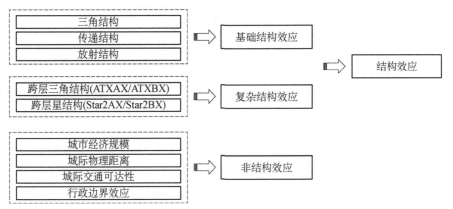

图 6-3　ML-ERGM 所引入的模型变量

6.2　长三角网络联系中的层级特征

图 6-4 刻画了基于《福布斯》全球企业 2000 强中的中资全行业企业所塑造的长三角城际联系网络。为了探究长三角城市层级性与网络化特征，根据自然断点法将城市联系强度和城际联系强度分为 5 个级别。可以看出，上海、杭州、南京、宁波、合肥等城市的高城市联系强度同以往研究结果一致（高鹏等，2022）。从联系强度来看，网络表现出"首府引力效应"（戴靓等，2023），即高强度的城际联系主要发生在城市联系强度高的城市之间。这与刘清等人的研究结果类似，他们基于苹果手机 2019 年供应商数据构建研发型、生产型、代工服务型全球化城市网络，发现研发网络中拥有较高中心性的城市节点间联系更密切（刘清等，2021）。事实上，城市联系强度高的城市往往拥有较高的行政等级、较强的经济实力和较好的产业基础，彼此之间的高联系强度也可以从侧面说明企业设立分支机构的行为存在一定程度

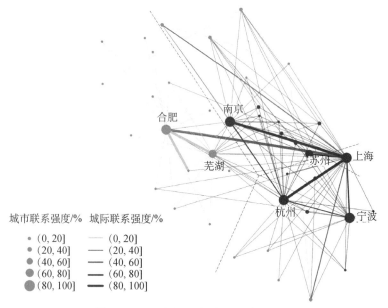

图 6-4　2019 年长三角城际联系示意图

的协同效应。为了能够最大化获取要素或实现资源交换，企业往往更倾向于在高城市联系强度的城市布局分支机构，以利用这些城市完备的产业链或产业集群获取集聚效益。

6.3　长三角分层网络的形成机制模拟

6.3.1　基础结构动力分析

表 6-1 列出了 ML-ERGM 的模型结果。针对基础结构效应，模型 1 结果显示，A 层、B 层、X 层网络的边参数（edge）均显著为负，说明长三角城市群各层网络的建立并非由随机过程产生，而是受到特定因素的影响。然而，交互三角形（AT）、交替双路径（ATP）、交替四循环（AFC）和交互 K星（AS）在三层网络的结果存在差异，具体表现为 A 层闭合、B 层传递和 X层扩张的动力机制，且闭合性效应最强，扩张效应次之，传递性效应最弱。

具体而言，AT-A 参数显著为正（1.02），说明 A 层网络具有闭合性，即位于 A 层的城市 a 和城市 b 均与本层城市 c 存在联系，会促使城市 a 和城市 b 之间建立联系。这也佐证了长三角城际联系仍存在层级结构。然而，ATP-A 参数和 AS-A 参数加入导致模型不收敛，说明 A 层未见明显传递倾向和扩张倾向。就 B 层网络而言，ATP-B 显著为正（0.28），说明 B 层网络具有传递性，即位于 B 层的城市 i 与两个非直接联系的城市 l 和城市 k 存在联系会使得更多同层城市选择与城市 l 和城市 k 建立联系。就 X 层网络而言，ASA-X参数显著为正（0.84），说明 X 层网络具有扩张性。例如，A 层的城市 a、城市 b 等城市均与 B 层的城市 l 存在联系，会促进 A 层更多的城市与城市 l 产生联系，使网络呈现出"放射结构"，这同网络增长的择优选择和偏好依附有关（刘清等，2021）。已有研究发现，一旦企业开始在某个城市建立分支机构，则这个城市的专用资产厚度会进一步增强，从而吸引更多的企业落户（盛科荣等，2019）。此外，AFCA-X 参数对于网络的影响并不显著，ASB-X、AFCB-X 参数加入导致模型不收敛。

6.3.2 复杂结构动力分析

模型 2 通过复杂结构效应对中心层与外围层的城市彼此存在怎样的层间联系倾向进行解析。如表 6-1 所示，跨层三角结构 ATXAX 和 ATXBX 的结果均显著为正，说明 A 层网络内相互联系的两个城市，往往共享其在 B 层相同的合作伙伴；反之，在 B 层网络内相互联系的两个城市，也倾向于共享其在 A 层的合作伙伴。由图 6-4 可知，处于 A 层的上海、杭州和南京之间存在紧密联系，而它们均倾向于选择连云港、徐州、温州等 B 层城市开展层间联系，体现出 A 层联系紧密的城市在选择 B 层合作伙伴时的倾向具有相似性和路径依赖性。这种偏好有利于部分 B 层城市进一步提升城际联系强度，不断吸收 A 层城市的溢出效应。跨层星结构 Star2BX 的结果显著为正，说明 A 层城市倾向于与 B 层内城市联系强度高的城市联系。这个结果表明拥有较多分支机构或总部的 B 层城市往往在产业、环境、政策上具有较好发展基础，这些基础优势更吸引企业的选址与落户。例如，合肥作为 B 层网络中城市联系强度最高的城市，不仅与 A 层的上海、杭州等城市具有密切的城际联系，也是芜湖、铜陵等 B 层城市的首要联系对象。

表 6-1　多层指数随机图模型结果

层级	自变量	模型 1	模型 2	模型 3
A 层	边（Edge-A）	−3.00*	−1.58*	−4.57*
	交互三角形（AT-A）	1.02*		
	交替双路径（ATP-A）	—		
	交互 K 星（AS-A）	—		
	城市经济规模（GDP-A）			16.30*
	城际物理距离（Distance-A）			0.70
	城际交通可达性（Transport-A）			2.87*
	行政边界效应（Province-A）			0.53
B 层	边（Edge-B）	−4.25*	−3.48*	−4.28*
	交互三角形（AT-B）	—		
	交替双路径（ATP-B）	0.28*		
	交互 K 星（AS-B）	0.29		
	城市经济规模（GDP-B）			42.40*
	城际物理距离（Distance-B）			−1.82
	城际交通可达性（Transport-B）			2.38
	行政边界效应（Province-B）			2.07*

续表

层级	自变量	模型 1	模型 2	模型 3
	边（Edge-X）	−3.70*	−2.95*	−2.27*
	交替四循环（AFCA-X）	0.16		
	交替四循环（AFCB-X）	—		
	交互 K 星（ASA-X）	0.84*		
	交互 K 星（ASB-X）	—		
X 层	城市经济规模（GDP-X）			20.99*
	城际物理距离（Distance-X）			−3.01*
	城际交通可达性（Transport-X）			1.33
	行政边界效应（Province-X）			—
	跨层三角结构（ATXAX）		1.05*	
	跨层三角结构（ATXBX）		1.54*	
	跨层星结构（Star2AX）		—	
	跨层星结构（Star2BX）		0.24*	

*表示结果收敛且显著，未标识*表示结果收敛但不显著，—表示该参数加入导致所在模型不收敛。

6.3.3　非结构动力分析

为进一步探究非结构因素对网络结构形成的影响，从城市经济规模、城际物理距离、城际交通可达性、行政边界效应四个方面进行探究，结果见表 6-1 模型 3 部分。总体来看，A 层城市的城市经济规模 GDP-A（16.30）较城际交通可达性 Transport-A（2.87）更能影响城际联系；B 层城市的城市经济规模 GDP-B（42.40）对于城际联系的影响大于行政边界效应 Province-B（2.07）；对于 X 层城市而言，城市经济规模 GDP-X（20.99）与城际物理距离 Distance-X（−3.01）均对城际联系影响显著，但城市经济规模的影响相对更强。

城市经济规模不仅对三层网络的城际联系存在显著的正向作用，且其对于 B 层（42.40）网络演化的影响最强，对于 X 层（20.99）的影响次之，A 层（16.30）最弱，说明三层网络的城际企业联系均倾向于发生在经济联系高的城市之间。从图 6-5 可以看出，城市经济规模与城市联系强度的趋势较为一致。相关性分析表明，二者的相关关系在 99% 水平上显著，皮尔逊相关系数达到 0.87。事实上，A 层城市大多具有领先的经济实力、庞大的市场规模、丰富的高技术劳动力以及优惠的税收政策等（盛科荣等，2019），在城际要素流动中表现出相似的吸附和配置能力，因此企业在设立分支机构时对城市规模的选择偏好程度相对较弱。B 层网络囊括了处于外围地区的部分城市，它们往往产业基础相对薄弱，难以吸引更多人才、资本、技术等要素的集聚，从而使得 B 层中产业基础好、经济实力强的城市（如合肥、徐州等）在层内和层间企业联系中脱颖而出。然而，也有部分城市存在不匹配的情况。例如，A 层的苏州、无锡和南通的 GDP 分别位于第二、第五和第七名，但是城市联系强度却排名第七、第十和第十一名。这些城市所表现出的相对弱连接性主要由于他们同上海的距离过近，从而较大程度上仍处在上海的市场腹地有关，这点从 A 层城际物理距离结果不显著也可以看出。

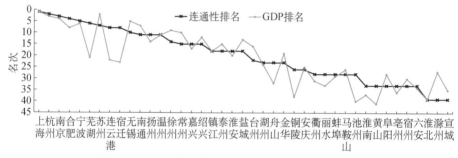

图 6-5   长三角城市群城市联系强度与城市经济规模

城际物理距离对于 X 层网络的城际联系起显著的负向作用，说明地理距离相近的层间城市倾向于相互联系。比如 A 层城市南京与距离较近的 B 层城市淮安、宿迁均具有较强的城际联系（在所有城市对的联系中位于前15%）。A 层和 B 层毗邻地区往往具备互补效应，这是因为 A 层城市具有优质市场环境与丰富资源要素，且 B 层城市内部生产成本较低，这也进一步验证了层间扩张性。然而，对于 A 层网络和 B 层网络，距离变量均不显著。这可归因于 A 层城市的服务范围一般囊括了附近地区的市场腹地，因此位于 A 层城市的企业总部在距离较近的同层城市设立分支机构的可能性较小。如上所述，上海和苏州尽管在地理位置上相邻，但总部—分支形成的城际联系却位于第五位。

城际交通可达性对于 A 层网络的城际联系起显著的正向作用，而对 B 层和 X 层企业联系网络未产生显著影响。事实上，随着长三角高速公路、高速铁路、跨江跨海大桥等重大交通基础设施网络的完善，企业联系的空间成本显著降低，提升了企业间人力、物力的流动效率，拓宽了企业辐射的市场边界。其中，由于 A 层城市拥有更为优越的交通基础，如畅达且频繁的高速铁路等交通联系，能够让其直接与其他城市产生经济联系，从而在企业联系网络中表现出较强的显著性。例如，上海、杭州和南京每日运行的公路客运/铁路客运班次位于长三角城市群所有城市的前三位；相应地，两两之间的企业联系也高居榜首。而 B 层和 X 层城际交通的不显著同城市间相距较远也有一定关系。

行政边界效应对于 B 层网络的城际联系起显著的正向作用，但没有证据表明其是 A 层企业联系网络塑造的影响因素。受行政区经济的影响，省内开展经济活动有利于避免政策壁垒、行政管理体系等因素的约束，从而降低企业联系成本（钱肖颖和孙斌栋，2021）。例如，B 层的省会城市合肥在本省与其他城市均存在城际联系，但在省外，则仅与上海、杭州、南京发生联系。这在一定程度说明 B 层的省份边界存在一定影响力，省内更低的交易成本与更紧密的行政关系便利了城际联系的发生。这与李仙德的研究结果相似，即行政区划对于长三角城市网络空间结构存在影响，主要体现在企业网络以省会为中心形成内聚式结构（李仙德，2014）。但是，上海、南京、杭州等行政等级高的 A 层城市本身具备强大的资源流动能力，更容易打破行政壁垒形成跨省的城际联系。

6.4　本章小结

本章将长三角城市群划分为中心层和外围层，借助多层指数随机图模型，从企业联系视角系统分析长三角城市群网络化与层级结构特征，并揭示了基础/复杂结构效应与城市经济规模、城际物理距离、城际交通可达性、行政边界效应等非结构动力对长三角城市群城市体系的塑造作用。主要结论如下。

就网络结构而言，网络整体呈现出以上海、杭州、南京、宁波、合肥为主要核心的层级结构，高强度的城际联系主要发生在高连通性的城市之间，表现出"首府引力效应"；且规划意义的层级划分同实际城际联系特征存在差异，主要表现在部分地处边缘位置且经济水平相对较低的中心层城市在企业空间联系上具有低连通性。就结构效应而言，长三角城市群各层网络的建立并非由随机过程产生，而是受到不同层级网络中基础/复杂结构效应的共同影响。中心层网络具有闭合性，倾向于形成"三角结构"；外围层网络具有中介性，使网络呈现出"传递结构"；而层间网络则具有扩张性，使网络呈现出"放射结构"。对于层间联系，联系紧密的城市在跨层选择合作伙伴时具有相似性，且表现出择优选择和偏好依附倾向；已存在分支机构的城市往往在产业、环境、政策等方面具有更高声誉及优势，加之循环积累效应的叠加，更易吸引其他企业落户。就外部动力而言，城市经济规模对各层级网络均存在显著促进作用，是企业选址的首要考虑因素；相近的地理距离吸引层间联系的发生，进一步验证了层间联系存在扩张性，而处于同层、距离过近的城市由于互为腹地市场而联系较为薄弱；交通连接对企业联系的影响主要表现为其对中心层城市间企业联系的促进作用；省级行政边界对外围层城际联系的阻隔效应更明显，同省份的外围层城际联系更为紧密。

本章从结构效应和非结构动力维度对长三角企业组织所映射的分层网络进行解析，具有以下政策启示。一方面，针对企业在长三角城市群扩张的结构效应结果，应充分发挥中心层和外围层内高连通性城市的集聚效应，推动具有潜力的本地企业发展壮大；同时依据层间辐射扩张的溢出效应，通过对层间城市间企业扩张的引导，推动长三角中心和外围组团间的要素互通。另一方面，针对企业在长三角城市群扩张的非结构动力结果，在保证中心层城市现有集聚优势的基础上，应挖掘城市优势产业，优化外围层城市的经济环境，以温州、徐州、连云港等城市为增长点带动城际网络化发展。具体而言，包括加强交通基础设施建设，降低城市间交通通信成本；打破外围层内部生产要素流通壁垒，进一步消融各城市间的政策壁垒等措施。

参|考|文|献

戴靓, 曹湛, 马海涛, 等. 2023. 中国城市知识合作网络结构演化的影响机制. 地理学报, 78 (2): 334-350.

高鹏, 宁越敏, 何丹. 2022. 长三角地区多尺度城市网络空间演化及互馈效应研究. 地理科学, 42 (10): 1767-1777.

龚胜生, 张涛, 丁明磊, 等. 2014. 长江中游城市群合作机制研究. 中国软科学, (1): 96-104.

郭建杰, 谢富纪. 2021. 基于 ERGM 的协同创新网络形成影响因素实证研究. 管理学报, 18 (1): 91-98.

韩刚, 史修松, 刘志敏. 2021. 基于 ERGM 模型的江苏省城市网络紧凑性形成机理研究. 地理科学进展, 40 (12): 2025-2034.

李仙德. 2014. 基于上市公司网络的长三角城市网络空间结构研究. 地理科学进展, 33 (12): 1587-1600.

刘清, 杨永春, 蒋小荣, 等. 2021. 基于全球价值链的全球化城市网络分析——以苹果手机供应商为例. 地理学报, 76 (4): 870-887.

钱肖颖, 孙斌栋. 2021. 基于城际创业投资联系的中国城市网络结构和组织模式. 地理研究, 40 (2): 419-430.

盛科荣, 张红霞, 赵超越. 2019. 中国城市网络关联格局的影响因素分析: 基于电子信息企业网络的视角. 地理研究, 38 (5): 1030-1044.

杨卓, 汪鑫, 罗震东. 2020. 基于 B2B 电商企业关联网络的长三角功能空间格局研究. 城市规划学刊, (4): 37-42.

张维阳, 唐锦玥, 王逸飞. 2023. 长三角重点外资企业的网络化扩张与动力机制研究. 城市问题, (2): 94-103.

赵渺希, 李海燕. 2019. 基于企业网络的长三角多中心巨型城市区域演化研究. 城乡规划, (4): 65-75.

Alderson A S, Beckfield J. 2004. Power and position in the world city system. American Journal of Sociology, 109 (4): 811-851.

Alderson A S, Beckfield J, Sprague-Jones J. 2010. Intercity relations and globalisation: The evolution of the global urban hierarchy, 1981–2007. Urban Studies, 47 (9): 1899-1923.

Cartier C. 2015. Territorial urbanization and the party-state in China. Territory, Politics, Governance, 3 (3): 294-320.

Sun B, Liu P, Zhang W, et al. 2022. Unpacking urban network as formed by client service relationships of law firms in China. Cities, 122: 103546.

Taylor P, Derudder B. 2015. World City Network: A Global Urban Analysis. London: Routledge.

Wang P, Robins G, Pattison P, et al. 2013. Exponential random graph models for multilevel networks. Social Networks, 35 (1): 96-115.

Zhang W, Derudder B, Wang J, et al. 2018. Regionalization in the Yangtze River Delta, China, from the perspective of inter-city daily mobility. Regional Studies, 52 (4): 528-541.

Zhang W, Derudder B, Wang J, et al. 2020. An analysis of the determinants of the multiplex urban networks in the Yangtze River Delta. Tijdschrift voor economische en sociale geografie, 111 (2): 117-133.

第七章　区域与全国视角：不同尺度下的长三角多中心模式

区域多中心发展受到了学术界和规划部门的广泛关注，在"欧盟 2020 领土议程"（Territorial Agenda of the European Union 2020-Towards an Inclusive, Smart and Sustainable Europe of Diverse Regions）、"美国 2050 规划"（American 2050：A prospectus）以及众多中国区域规划中都体现了多中心发展的理念（Regional Plan Association，2006；Commission of the European Communities，2011；Wang et al.，2020）。构建多中心和网络化的城市体系是长三角区域一体化发展的重要空间发展路径。多中心结构具有高度的尺度依赖性，在不同的空间尺度上具有不同的表现形式。本章基于城际企业商务联系维度，洞察不同空间尺度视角以及不同来源行动者所塑造的长三角多中心发育模式。

7.1　多中心发展与尺度敏感性

随着长三角城市群的经济发展水平不断提高，工业化发展和产业分工进一步加速，长三角城市群日益多中心和网络化发展，逐步形成了以上海为中心，南京、苏州、杭州、宁波等大城市为次级中心的多中心格局。长三角的这种多中心发展格局在国内外文献中被广泛讨论（洪银兴和吴俊，2012；Zhang and Derudder，2019）。多中心结构并不单纯指形态上的多中心布局，还包括功能上密集联系和彼此协作（Hall，2006）；Taylor（2008）则认为多中心城市区域包含多个形态上的经济发展极,并通过交通干线使人才、资本等资源跨越行政边界产生流动,实现多个中心城市之间的功能互补与协同发展。

由于多中心具有多个功能维度,从城市在区域、全国、全球等不同尺度下的功能分工和要素联系来看,城市群多中心又体现出多尺度的特征。同一城市在不同尺度网络中的相对地位存在差异,即存在尺度敏感性(Hoyler,2011)。这一方面是由于城市在不同城市体系中承担着差异化的职能,因此在不同尺度下城市职能分工和城际联系模式存在差异。比如,上海、南京、杭州等更多地承担着全国甚至全球城市职能,而中小城市更多地承担着长三角区域或城市本地职能。另一方面,来自不同地理区域的经济活动行动者(企业等)在同一区域可能映射具有差异性的城际交互网络,进而塑造了不同的多中心结构。比如,总部在城市群、全国和海外的生产性服务业企业通过其业务网络联系塑造了城市群内部差异化的城市体系和对外关系(Zhang,2018)。

城际功能联系由城市中企业、政府等多种行动者在城市间所承载的要素往来产生,其中企业间联系是映射城际功能联系的重要维度。Taylor等(2008)利用先进生产性服务业机构的办公网络映射了城市间的功能联系,并从城市区域、国家、欧洲和全球尺度对区域的多中心程度进行对比分析。类似地,Zhang和Kloosterman(2016)基于珠三角城市群内部和对外的生产性服务业网络,分析了不同尺度下的珠三角功能分工与多中心发展;Li和Phelps(2018)利用城际知识合作的数据,分析了不同尺度下长三角功能多中心的发展;李涛和张伊娜(2017)基于中国先进生产性服务业企业数据,比较了不同城市群在不同尺度下的多中心水平,证实了多中心的尺度敏感性。

基于以上背景,本章通过企业内部联系视角,分析区域尺度和全国尺度下的长三角功能多中心模式。同时,鉴于不同类型企业会塑造差异化的城际功能联系,本章分别对长三角企业和全国性企业进行分析。

7.2　数据与方法

7.2.1　企业数据说明

基于 2019 年《福布斯》全球企业 2000 强榜单中的 224 家中资企业数据，并从各企业官方网站及"企查查"等平台搜索企业总部及其分支机构，获取其子公司、分公司、办事处的相关信息，共搜集到长三角企业（总部位于长三角）的总部 48 家、分支机构 688 家，全国性企业的总部 176 家、分支机构 1936 家。以地级市为单元统计了每个城市节点所拥有的各类型企业数量，共计得到 41 个城市存在企业总部信息，结果如图 7-1 所示。就长三角企业的总部分布而言，上海以 25 个企业总部占据绝对优势地位，占比超过 52%；杭州和南京紧随其后，分别拥有 7 个和 6 个总部，分别占 14.6% 和 12.5%。对于长三角企业的分支机构分布而言，企业在城市间的数量差异相对较小；其中，南京、杭州、上海分别为前三名。南京作为长三角企业分支机构的首要选择地，侧面说明长三角城市群空间结构具有多中心特征。对于全国性企业的分支机构分布城市来说，排名前 4 位的分别为上海、杭州、南京和合肥，分支机构数量总和占比超过 65%。其中，上海以 87 个企业分

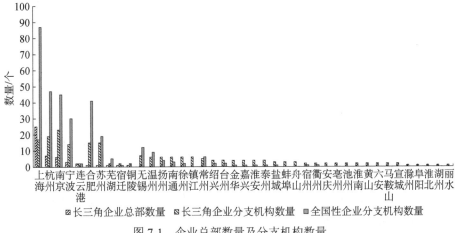

图 7-1　企业总部数量及分支机构数量

支机构占据首位，占比超过四分之一，杭州、南京、合肥分别以 47、45、41 个分支机构位居前列，占比均约 14%。

7.2.2 基于链锁网络模型的城际联系构建

Taylor（2008）提出的链锁网络模型将企业之间的总部—分支关系转化为城际联系，是衡量城市节点在网络中重要程度的常用方法。不同于"总部—分支机构"方法仅考虑总部与其分支机构之间的联系（Alderson and Beckfield，2004），链锁网络模型假设属于同一企业的部门间存在联系。

首先，根据企业总部与分支机构所在地级市，构建企业与城市之间的二模网络，借鉴 Taylor 和 Derudder（2015）对企业服务值的赋分原则，将企业在城市的服务值按照 0～5 的分值赋分：5 分表示全国性总部，4 分表示区域性总部，2 分表示一般性办事处。如果该办事处的规模较大、能处理多种业务，则将其赋值为 3 分；如果该办事处的规模较小，业务类型单一，则将其赋值为 1 分。最后，将不存在企业分布的城市赋值为 0 分。每个企业在不同城市的服务值通过人工识别逐一赋值，并剔除了数据收集期间注销、吊销、倒闭的分支机构，地址信息以实际办公地址为准。

接着，依据链锁网络模型将城市-企业二模网络转换成城市-城市一模网络，分别测度城市在不同来源企业所建构的网络中的连接性。其中，城市 a 与城市 b 之间的连接值 CDC_{ab} 的计算公式参见公式（2-1）。通过聚合城市 a 与网络内其他所有城市的连接值得到城市 a 在网络中的联系强度 GNC_a，具体计算公式参见公式（2-2）。

本章首先按企业总部的所在城市将企业划分为长三角企业和全国性企业，即总部位于长三角的企业和位于中国但在长三角以外的企业。其次，为了识别城市在不同尺度下的职能，按区域尺度和全国尺度分别对长三角企业和全国性企业塑造的长三角城市对内对外功能联系进行分析。具体来说，若企业的两个分支均位于长三角，其联系被定义为内部联系；若企业的一个分支位于长三角，另一个分支位于长三角以外的其他城市，其企业间联系则被定义为对外联系。需要说明的是，本章重点关注的是长三角在不同尺度下的多中心模式，因此不考虑长三角之外的企业间联系。

7.2.3　基于基尼系数的多中心测算

功能多中心本质上是表征城市对外联系的连通性的均衡程度，而基尼系数根据洛伦兹曲线来衡量城市收入等指标的均衡程度，取值从 0 到 1，其中 0 表示完全均衡，1 表示完全不均衡。基于此，本章借用基尼系数（Gini）测度长三角城市群的功能多中心程度（Li and Phelps，2017）。

首先，采用基尼系数表征城市节点在网络中联系强度的均衡性。具体计算公式如下：

$$\text{Gini} = 1 - \frac{1}{n}\left(2 \times \sum_{i=1}^{n-1} W_i + 1\right) \tag{7-1}$$

其中，n 表示城市数量，W_i 表示将所有城市联系强度 GNC_a 按照数值大小从低到高排序后，从第 1 个城市累加到第 i 个城市的联系强度占全部城市累计总连通性值的百分比。

其次，用 1 与 Gini 的差值表征多中心程度 Poly，数值越高，表示区域中的城市职能越均衡，多中心程度越高；反之，则表示区域的多中心程度越低。具体计算公式如下：

$$\text{Poly} = 1 - \text{Gini} \tag{7-2}$$

7.3　不同尺度下的长三角网络联系

本节将围绕长三角企业塑造的长三角内部联系、长三角企业塑造的长三角对外联系、全国性企业塑造的长三角内部联系和全国性企业塑造的长三角对外联系这 4 种空间结构展开，全面刻画长三角在不同尺度下的多中心表现。为清晰展示 4 种空间结构，依据 ArcGIS 自然断点法对不同网络中的城市联系强度进行分级划分，结果如图 7-2～图 7-5 所示。

7.3.1　长三角企业塑造的长三角内部联系和对外联系

如图 7-2 所示，对于长三角内部联系来说，联系强度高的城市节点集中在上海、南京、杭州、宁波等城市，这与以往研究的发现一致（程遥等，2016）。这些城市大部分属于省会城市或拥有较高的经济发展水平，一方面体现出行政等级对城市联系的影响，更高的行政等级通常意味着更优惠的经济政策以及更大的城市管理权力，兼具吸引企业来此设立分支机构的能力和通过异地设置分支机构以辐射其他城市的实力。另一方面，经济发达的城市拥有更完善的基础设施与更雄厚的资本等优势条件，且通常会拥有更高的消费水平（高雅妮等，2022）使这些城市在企业选址扩张时更易受到青睐。

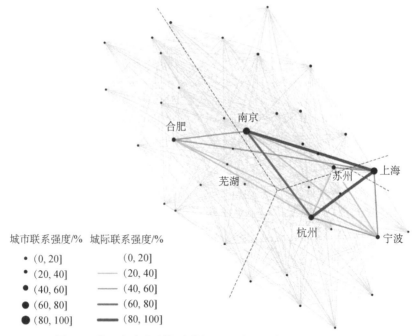

图 7-2　长三角企业所塑造的长三角城市群内部联系空间结构

如图 7-3 所示，对于长三角对外联系而言，联系强度高的城市节点与内部联系大体一致，但更加趋向极化。根据联系强度对节点进行等级划分可以发现，上海、南京、杭州仍位列第一档，合肥、宁波、苏州位于第二档，无锡、温州、常州紧随其后，位列第三档。该结果与长三角内部网络中城市节点的地位排名较为一致，体现出省会城市和一些发达城市在网络中的核心地位。但是，由合肥和苏州从内部联系中的第一档下降至对外联系的第二档可知，长三角对外联系主要靠上海、南京和杭州三个城市，而合肥和苏州主要发挥加强城市群内部联系的功能，在对外联系中仍需加强。

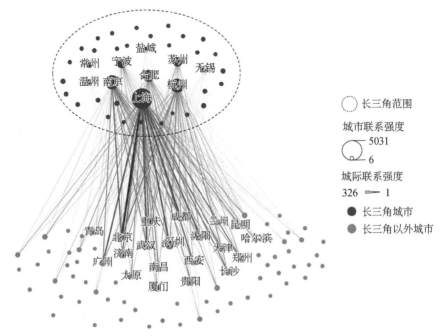

图 7-3　长三角企业所塑造的长三角城市群对外联系空间结构

此外，也存在部分经济较发达、地理区位较好的城市表现出与之不匹配的城际联系强度。例如，作为一个"融杭联甬接沪"的城市，绍兴缺乏大型企业支撑，在长三角城市群内部联系和对外联系中表现较为普通。具体而言，绍兴在长三角内部联系强度排名中仅列第 17 位，对外联系强度排名中也仅列第 14 位。事实上，外部企业在进入长三角后对区域的信息获取具有一定的不确定性，为了减少试错成本，企业会基于市场导向（于涛方和吴志强，2004）偏好选择上海、杭州等经济更发达的大城市进行扩张；而绍兴与上海、杭州、宁波的地理位置较近，容易具有集聚阴影效应（姚常成和宋冬林，2019）。

通过统计网络中联系强度较高的城市节点发现，大部分城市在对内对外联系的排名表现上比较类似。然而，也有些城市对内对外联系职能的非对称性突出，以温州市为主要代表。温州在对外联系中表现出的空间地位超过了经济发展水平在其之上的南通、常州等城市，而在内部联系中温州却相对落后。在对外联系网络中，作为我国民营经济的重要发源地，其"小商品，大市场"的特点使其在全国市场上具备强大的竞争力（叶子航，2019），也建立了广泛的对外业务往来。不仅如此，温州地处长三角与粤闽浙沿海城市群交会处，是长三角城市群向南辐射的重要节点，也是长三角重要的航空枢纽之一（王帮娟和刘承良，2024），这些都是温州具有强对外连接属性的原因。

7.3.2　全国性企业塑造的长三角内部联系和对外联系

在全国性企业所塑造的长三角城际联系网络中，参与长三角内部联系的节点城市共有 23 个。联系强度高的节点城市多为"南京—上海—杭州—宁波"发展轴城市，位于第一档的城市分别是上海、南京、杭州、合肥和宁波，该结果与长三角企业塑造的长三角内部联系网络具有相似性。然而，不同性质的企业塑造的长三角内部联系网络存在差异。例如，镇江在长三角企业塑造的长三角内部联系网络中具有较重要地位，位居第 8 名，但在全国性企业塑造的网络中却联系较弱，说明外部企业在长三角业务拓展并不倾向于选择在镇江设立分支机构。这可归因于，在长三角企业塑造形成的企业联系网络中，由于"宁镇扬"同城化的推进，镇江受益于南京的溢出效应。例如，镇江的企业中 60%属于南京总部设立的分支机构。而对于全国性企业而言，在长三角的扩张倾向于选择重要节点城市，镇江同长三角其他城市相比难有竞争力。

长三角城市参与对外联系的节点共有 24 个，且联系强度高的节点城市多为"南京—上海—杭州—宁波"发展轴城市。值得一提的是，根据对外联系强度对城市进行排序，发现排名前十的城市与内部联系的排名完全一致，即上海、南京、杭州、合肥、宁波、苏州、无锡、温州、常州和扬州。这说明在全国性企业所塑造的网络中，企业均倾向于选择资源支配程度更高的省会城市或经济发达的城市，产生了一致的对内对外联系强度。然而，相比长三角企业塑造的城市网络，省会城市合肥与副省级城市宁波在全国性企业塑

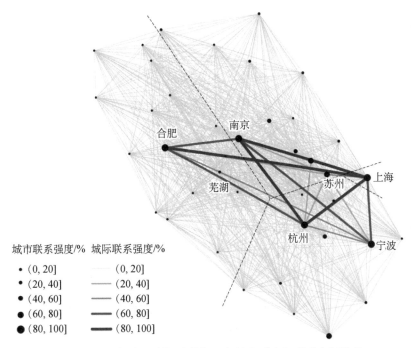

城市联系强度/% 城际联系强度/%

- (0, 20]   ——— (0, 20]
- (20, 40]   ——— (20, 40]
- (40, 60]   ——— (40, 60]
- (60, 80]   ——— (60, 80]
- (80, 100]   ——— (80, 100]

图 7-4 全国性企业所塑造的长三角城市群内部联系空间结构

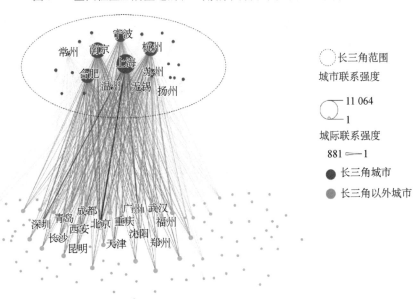

图 7-5 全国性企业所塑造的长三角城市群对外联系空间结构

造的城市网络中地位有所提升，而经济发达的城市苏州排名却有所下降，这体现出行政因素在全国性网络中发挥着更重要的作用。另外，同长三角企业塑造的城市网络相比，在全国性企业塑造的长三角城市网络中，温州在内部联系和对外联系中均具有更强节点联系强度，佐证了温州在全国网络中具有更重要的节点职能。

7.4 不同尺度下的长三角多中心定量测度

为全面评估长三角区域发展的均衡水平，选取局部多中心程度与全局多中心程度两个指标对长三角的多中心水平进行测度。考虑到多中心测度对数量选取的敏感性，固定城市数量的中心样本进行测度为研究提供了更可靠的可比性基础（Burger and Meijers，2012；Zhang and Derudder，2019）。结合基于不同性质企业和不同尺度下长三角城市职能排名，本节采用排名稳定靠前的 7 个城市进行局部多中心测度，即上海、南京、杭州、合肥、苏州、宁波和无锡；选取网络中的全部城市进行全局多中心的测度，结果如表 7-1 所示。

表 7-1　多中心水平测度结果

		长三角内部联系	长三角对外联系
局部多中心程度	长三角企业	0.82 （7）	0.74 （7）
	全国性企业	0.83 （7）	0.77 （7）
全局多中心程度	长三角企业	0.52 （41）	0.27 （41）
	全国性企业	0.37 （23）	0.30 （24）

注：括号中为参与多中心水平测度的城市数量。

对上海、南京等 7 个城市进行局部多中心水平测度，4 个城市局部多中心水平均高于 0.7，体现出城市群基于主要中心城市的多中心水平较高。这 7 个城市构成了长三角内部联系和对外联系的核心区域，各个城市的发展相对均衡。就不同企业视角而言，全国性企业所塑造的城际联系网络局部多中心水平略高于长三角企业塑造的网络格局。这主要是因为全国性企业在长三角扩张，会综合考虑营商环境、市场腹地、发展潜力等，倾向于从这些重要节点城市中进行比对选择，相对均衡；而对于长三角企业而言，城市的企业总部集聚取决于不同城市发展历史路径和发展基础差异，而区域内部扩张倾向于选择各省省会等以扩张业务市场，因此相对全国性企业而言，多中心水平略低。从全国和区域尺度来看，同以往研究一致（Li and Phelps，2018），内部联系的多中心水平均高于对外联系的多中心水平，这是因为在更高尺度下，只有上海等核心城市才是关键角色。

全局多中心水平测度结果显示，长三角多中心水平有所降低，这是因为包含更多的非中心城市会弱化中心城市之间的均衡，同以往研究结论一致（Zhang and Derudder，2019）。另外，在全国尺度下的多中心水平要低于区域尺度的多中心水平，说明长三角区域对外辐射和接收外部辐射影响的职能仍集中于少数几个城市，长三角城市群在更大尺度上具有更强的空间不均衡性。此外，不同来源行动者所塑造的空间格局存在差异。从区域尺度来看，长三角企业塑造的城际联系要比全国性企业塑造的城际联系具有更强的多中心性；但从全国尺度来看，全国性企业塑造的城际联系要比长三角企业塑造的城际联系具有更强的多中心性。

7.5 本章小结

本章基于 2019 年《福布斯》全球企业 2000 强榜单中的中资企业数据构建了长三角的城际联系网络，揭示长三角城市在不同来源的企业塑造的城市网络中的不同表现，以及在区域尺度与国家尺度下的多中心水平。研究发现如下几点。

（1）长三角城市在不同企业塑造的城市网络中扮演的角色有所区别。在长三角企业塑造的城市网络中，经济发达和行政等级高的城市承担了主要节点职能，但在对外联系中，更重要的中心城市以及外向型经济突出的城市发挥了主要职能。在全国性企业塑造的城市网络中，长三角城市的内部联系和外部联系偏好相对一致，倾向于选择资源支配程度更高的省会城市或经济发达的城市；且行政因素在全国性网络中发挥着更重要的作用。

（2）区域尺度下长三角城市群的多中心水平远高于全国尺度，而囊括更多城市的全局多中心水平普遍低于仅包括核心城市的局部多中心水平。分企业属性来看，全国性企业所塑造的城际联系网络局部多中心水平略高于长三角企业塑造的网络格局；而在全局多中心方面，在区域尺度，长三角企业塑造的城际联系要比全国性企业塑造的城际联系更多中心；在全国尺度，全国性企业塑造的城际联系要比长三角企业塑造的城际联系更多中心。这主要与不同属性企业在长三角布局的历史路径和多元化策略有关。

研究启示推进长三角一体化的高质量发展，不仅要维持核心城市的领跑地位，也要积极推动网络中边缘城市的融入；扶持长三角企业在城市群内的多中心扩张布局，在全国深入链接更广阔的全国市场；并挖掘各城市的比较优势，吸引全国性企业在长三角的多元化布局，提升长三角城市在全国尺度下的多中心功能联系。

参|考|文|献

程遥, 张艺帅, 赵民. 2016. 长三角城市群的空间组织特征与规划取向探讨——基于企业联系的实证研究. 城市规划学刊, (4): 22-29.

高雅妮, 何丹, 高鹏, 等. 2022. 基于三层级股权关系的长三角城市网络节点地位研究. 地理研究, 41 (6): 1577-1592.

洪银兴, 吴俊. 2012. 长三角区域的多中心化趋势和一体化的新路径. 学术月刊, 44 (5): 94-100.

李涛, 张伊娜. 2017. 企业关联网络视角下中国城市群的多中心网络比较研究. 城市发展研究, 24 (3): 116-124.

王帮娟, 刘承良. 2024. 航空网络结构和组织模式的演变——中美欧的比较分析. 地理研究, 43 (1): 66-85.

姚常成, 宋冬林. 2019. 借用规模、网络外部性与城市群集聚经济. 产业经济研究, (2):

76-87.

叶子航. 2019. 基于区域优势理论的"温州模式"研究. 人民论坛·学术前沿, (23): 105-111.

于涛方, 吴志强. 2004. 大城市周边中小城市崛起的条件和机制研究. 同济大学学报 (社会科学版), 15 (3): 50-56.

Alderson A S, Beckfield J. 2004. Power and position in the world city system. American Journal of Sociology, 109 (4): 811-851.

Burger M, Meijers E. 2012. Form follows function? Linking morphological and functional polycentricity. Urban Studies, 49 (5): 1127-1149.

Commission of the European Communities. 2011. Territorial Agenda of the European Union 2020-Towards an Inclusive, Smart and Sustainable Europe of Diverse Regions. Agreed at the Informal Ministerial Meeting of Ministers responsible for SpatialPlanning and Territorial Development on 19th May 2011 Gödöllö, Hungary.

Hall P, Pain K. 2006. The Polycentric Metropolis: Learning From Mega-city Regions in Europe. London: Routledge.

Hoyler M. 2011. External relations of german cities through intra-firm networks—A global perspective. Raumforschung und Raumordnung, 69 (3): 147-159.

Li Y, Phelps N. 2017. Knowledge polycentricity and the evolving Yangtze River Delta megalopolis. Regional Studies, 51 (7): 1035-1047.

Li Y, Phelps N. 2018. Megalopolis unbound: Knowledge collaboration and functional polycentricity within and beyond the Yangtze River Delta Region in China, 2014. Urban Studies, 55 (2): 443-460.

Liu X, Derudder B. 2013. Analyzing urban networks through the lens of corporate networks: A critical review. Cities, 31: 430-437.

Regional Plan Association. 2006. America 2050: A Prospectus. New York: Regional Plan Association. https://rpa.org/work/reports/america-2050-prospectus[2024-05-30].

Taylor P J, Evans D M, Pain K. 2008. Application of the interlocking network model to mega-city-regions: Measuring polycentricity within and beyond city-regions. Regional Studies, 42 (8): 1079-1093.

Wang W, Wang Y P, Kintrea K. 2020. The (re) making of polycentricity in China's planning discourse: The case of Tianjin. International Journal of Urban and Regional Research, 44 (5): 857-875.

Zhang W, Derudder B. 2019. How sensitive are measures of polycentricity to the choice of "centres"? A methodological and empirical exploration. Urban Studies, 56 (16): 3339-3357.

Zhang X, Kloosterman R C. 2016. Connecting the "workshop of the world": Intra-and extra-service networks of the Pearl River Delta City-Region. Regional Studies, 50 (6): 1069-1081.

第八章　演变边界：长三角多中心性与区域界定

区域多中心研究向政策转化的障碍之一是对相关概念的理解存在争议（Münter and Volgmann，2021）。如 Davoudi（2007）所指出的，多中心概念的模糊性意味着不同研究群体会对多中心性有不同的理解和解释。这种模糊性使得概念有了更大的灵活性，能够适应不同研究群体的需求，帮助更充分地理解多中心的概念，从而在实际上促进共识的达成（van Meeteren et al.，2016）。尽管概念的多义性或政策工具主义在一定程度上无法避免，但是明确多中心的本质对于将长三角多中心研究成果转化为有效的政策工具具有重要作用。除了上一章关注的尺度多元性外，科学地认识区域多中心发展还取决于一个重要前提，即区域界定。

自 1982 年国务院设立上海经济区①始，长三角城市群近 40 年间不断扩容；2010 年国家发展和改革委员会发布的《长江三角洲地区区域规划》，将长三角地区规划范围界定为上海市、江苏省和浙江省，其中 16 个城市为核心区；2016 年实施的《长江三角洲城市群发展规划》，将长三角城市群规划范围界定为 26 个城市；2019 年印发的《长江三角洲区域一体化发展规划纲要》中，长三角规划范围界定为上海市、江苏省、浙江省、安徽省全域 41 个城市。区域范围的变动对于区域整体的多中心程度具有显著影响。本章使

---

① 上海经济区包括上海、苏州、无锡、常州、南通、杭州、嘉兴、湖州、宁波、绍兴等 10 个城市。

用城市-公司二模数据，通过提出逐步多中心的分析框架，剖析长三角多中心性如何受区域范围变动的影响，并探讨城市在塑造城市区域多中心结构中的不同作用。

8.1 多中心测度与城市样本数量

多中心城市区域通常被定义为区域内一系列重要的"城市中心"之间存在"相对均衡"的城市化区域（Burger and Meijers，2012；Green，2007；Lambregts，2009；Parr，2004；Vasanen，2013）。这种"相对均衡"可以指代形态上具有多个中心城市，也可指代多个中心城市间功能相互联系（Burger and Meijers，2012；Shu et al.，2020），分别对应了形态多中心和功能多中心的定义。然而，这并不一定意味着该区域内所有城市都需要具有相似的规模或均衡的相互联系的功能，因为多中心城市区域不仅包括一系列相互连接的大城市，还包括一系列中等规模和较小规模的中心城市。在评估一个假定的多中心城市区域中的多中心水平时，如果没有明确的理论基础来确定包括哪些城市以及包括多少城市，多中心测度的结果就会受到预先选择的中心的影响。

针对该问题，Meijers（2008）指出，在评估不同的多中心城市区域时可以采用固定数量的城市。尽管大多数学者认为，在进行分析之前识别区域和城市是一个重要的步骤（Green，2007；Hall and Pain，2006），但实际上城市选择对多中心性的敏感性问题在已有研究中并未受到重视。这可能是因为多中心城市区域的讨论主要是在欧洲展开，且通常与一系列具有同等重要地位的中小小城市有关（Dijkstra et al.，2013）。在这种情况下，城市的选择对多中心性测度的影响似乎是次要的。例如，Meijers 和 Sandberg（2008）对德国、瑞典和希腊多中心性展开测度发现，选择前 10 名城市的结果与前 5 名或前 20 名城市的结果密切相关。然而，在欧洲空间规划观测网络（European Spatial Planning Observation Network，ESPON）对欧盟国家多中心性的测度中，因为包括了许多较小城市中心，导致测度结果与主观认知产生了不一致的结果（Meijers，2008）。这一问题在存在"大城市逻辑"的城市区域中更加明显，包括中国（Li and Phelps，2017，2018；Liu et al.，2018；Song，2014；周灿等，2019）和拉丁美洲国家（Fernández-Maldonado et al.，2014）等。在这些地区，大城市和小城市在"重要性"方面往往存在巨大差异，将许多小城市纳入多中心性的测度中会对城市之间的"均衡"产生较大影响。

8.2 研究方法与数据

本节构建逐步测度方法来评估多中心性如何响应所添加的城市数量的变化。这种"逐步多中心性"的演变提供了多中心性对于城市选择的敏感性的直接证据。然而，如何定义"敏感性"本身就是一个复杂的问题。城市群多中心性的敏感程度取决于城市的数量。例如，一个由 15 个城市组成的区域系统可能比一个由 5 个城市组成的系统更不敏感，即不易受到影响，因此需要建立一套独立于城市数量的标准。基于此，本章使用具有位序-规模等级分布的抽象城市系统作为比较基准：只有当某个区域的逐步多中心测度与具有相同数量城市的基准地区相比出现异常变化时，该多中心区域才被认为对城市选择敏感。

1. 城市规模排名

量化多中心性的研究通常从两类视角定义城市规模：①基于国内生产总值和人口规模等属性的形态学视角（Burgalassi，2010；ESPON Monitoring Committee，2007；蒲英霞等，2009）；②基于城际流动和交互的功能视角（Burgalassi，2010；de Goei et al.，2010；钟业喜和陆玉麒，2011）。Burger 和 Meijers（2012）提出了将形态测度和功能测度联系起来的理论框架，即城市的形态重要性可以视为基于区域内部城际交互的组分、基于区域外部城际交互的组分和基于城市内部要素集聚的组分的加和。鉴于本章主要关注区域尺度，一个城市与其所在区域系统内外其他所有城市的功能联系总量（即总中心性）为测度形态多中心性提供了基础。同时，使用相同的分析框架，城市的功能重要性仅与其在区域城市系统中的功能联系（即区域中心性）相关（Burger and Meijers，2012）。基于此，本章从形态和功能两个角度检测长三角多中心对样本数量的敏感性。

2. 测度城市规模分布是否"均衡"

过去量化城市规模分布是否"均衡"的方法主要包括测度城市的位序-规模分布（Burgalassi，2010；ESPON Monitoring Committee，2006；Parr，2004；李仙德，2014）；评估城市规模的变化（Hanssens et al.，2014；李郇等，2005），并通过与一些虚拟的典型单中心或多中心分布进行比较，为城市规模的分布设定基准（Green，2007；Hanssens et al.，2014）。本节采用Green（2007）开发的方法对区域的形态多中心和功能多中心进行逐步测度。具体来说，形态多中心计算公式如下：

$$P_{M(n)} = 1 - \frac{\sigma_m}{\sigma_{mmax}} \tag{8-1}$$

其中，$P_{M(n)}$ 是前 n 个城市组成区域的形态多中心性，范围从 0（绝对单中心性）到 1（绝对多中心性）；σ_m 是城市总中心性的标准差；σ_{mmax} 是一个假定双节点网络的节点总中心性的标准差，其中一个节点的总中心性等于城市集合 n 中的最高总中心性，另一个节点的总中心性等于 0。

功能多中心计算公式如下：

$$P_{F(n)} = \left(1 - \frac{\sigma_f}{\sigma_{fmax}}\right) \times \Delta \tag{8-2}$$

其中，$P_{F(n)}$ 是前 n 个城市组成的城市区域的功能多中心性，范围从 0（绝对单中心性）到 1（绝对多中心性）；σ_f 是城市区域中心性的标准差；σ_{fmax} 是双节点网络中节点区域中心性的标准偏差，其中一个节点的区域中心性等于 0，另一个节点的区域中心性等于城市集合 n 中的最高区域中心性；Δ 是城市集合 n 的网络密度，定义为总城际连接与理论最大城际连接的比率（Green，2007；Liu et al.，2016）。

3. 逐步多中心变化的基准测试

逐步多中心的变化趋势需要相对于基准区域进行验证，理想情况下，基准区域具有相同数量的城市，可用于对比单中心或多中心分布。本章采用具有典型位序–规模分布的城市系统作为基准。根据位序–规模法则，城市系统中排名为 n 的城市的中心性为最大城市的 $1/n$（Zipf，1941），符合位序–规模的城市体系代表了既不单中心又不多中心的中间情况。其斜率的系数已被广泛用作划分单中心和多中心区域的断点：具有比齐普夫分布更平坦的位序–规模分布的区域多中心性更强，而具有比齐普夫分布更陡峭的位序–规模分布的区域多中心性更弱。因此，随后采用位序–规模分布对逐步多中心的变化进行基准测试，通过逐步计算每个地区的逐步多中心与具有相同数量城市的符合位序–规模城市系统的逐步多中心值之间的比率来实现，如下所示：

$$\mathrm{SP}_{\mathrm{Benchmaked}(n)} = \frac{\mathrm{SP}_{(N)}}{\mathrm{SP}_{\mathrm{Zipf}(n)}} \qquad (8\text{-}3)$$

其中，$\mathrm{SP}_{\mathrm{Benchmaked}(n)}$ 是考虑前 n 个城市的基准多中心性；$\mathrm{SP}_{(N)}$ 是考虑前 n 个城市时的逐步多中心性；$\mathrm{SP}_{\mathrm{Zipf}(n)}$ 是具有相同数量城市的符合齐普夫分布的城市系统的多中心性。基准多中心性在 1 附近变化，大于 1 表示倾向于多中心，小于 1 表示倾向于单中心。

4. 数据收集和处理

越来越多研究侧重于衡量城际联系，包括通过基础设施连接（Liu et al.，2016）、先进生产性服务业（Taylor and Derudder，2015）、企业隶属关系（Alderson and Beckfield，2004）、知识协作（Li and Phelps，2017，2018）和通勤流动（Vasanen，2013）来指代城际关系。本章采用链锁网络模型，基于中国生产性服务业企业的组织数据，生成城际功能联系网络。

首先，基于中国 8 个生产性服务业中的企业排名选取前 247 家企业，分别为 50 家会计师事务所、41 家广告企业、23 家管理咨询企业、35 家律师事务所、21 家银行、26 家保险企业、30 家证券企业和 21 家信托企业。其次，研究单元确定为中国（不含港澳台地区）289 个地级及以上城市，最终形成 247 家生产性服务业企业×289 个城市的矩阵。这 247 家生产性服务业企业的公司网站提供了它们在这些城市的业务规模（如从业人员数量）及其功能定位信息（如国家总部和区域总部）。根据 GaWC 的研究，将这两类信息按照 6 分制编码值，从 0（不存在）到 5（总部）评分。

基于城市-企业服务价值矩阵，任意一对城市 a 和城市 b 之间的连通性 CDC_{ab} 定义如下：

$$\text{CDC}_{ab} = \sum_{j=1}^{247} V_{aj} \times V_{bj} \tag{8-4}$$

其中，V_{aj} 与 V_{bj} 分别表示公司 j 在城市 a 与城市 b 的服务值。

因此，城市 a 的总中心性（即评价形态多中心性的指数）和区域中心性（即评价功能多中心性的指数）的计算公式分别如下：

$$\text{Total Centrality}(a) = \sum_{i=1}^{289} \text{CDC}_{a-i} \quad (a \neq i) \tag{8-5}$$

$$\text{Regional Centrality}(a) = \sum_{j=1}^{m-1} \text{CDC}_{a-j} \tag{8-6}$$

其中，i 包括城市 a 以外的所有其他城市；j 为长三角城市群内的城市；m 表示长三角城市群的城市数量。本章按照 2019 年印发的《长江三角洲区域一体化发展规划纲要》界定的 41 个城市作为范围。

8.3　长三角的逐步多中心性

长三角逐步多中心性结果见图 8-1，表示除首位城市上海外，当其他城市逐步被纳入分析时，长三角形态和功能多中心的变化情况。首先，当南京和杭州逐步被纳入分析时，长三角形态多中心性指数的值和功能多中心性指数的值都相对较高，且在纳入后续城市（如合肥、宁波和苏州）后，二者均出现明显下降。这表明，多中心性的衡量确实取决于城市数量，采用不同的样本量将产生完全不同的结果。例如，功能多中心性从 2.3（基于三个主要中心的测度）下降到 1.8（基于所有 41 个城市）。这意味着无论城市数量多少，长三角地区均存在多中心的趋势，但随着城市的增加，这种趋势会减弱。其次，形态逐步多中心性和功能逐步多中心性的变动趋势具有明显差异，其中功能多中心性显著高于形态多中心性。这反映了长三角城市所承担的区域职能的均衡性要超过其承担的区域和国家综合功能的均衡性。这主要归因于在长三角一体化战略的实施背景下，长三角城际联系和功能互补愈发密切（罗小龙和沈建法，2007），但鉴于长三角城市多元的行政等级与发展条件，它们在区域内部和区域外部的综合影响力方面存在显著差异（Cartier，2016；高鹏等，2021）。

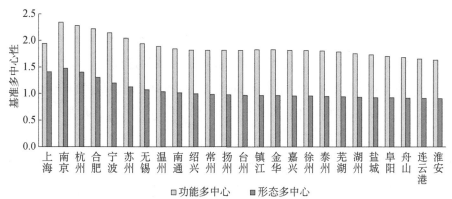

图 8-1 长三角城市群的逐步多中心测度

从图 8-1 可以看出，不同城市在塑造长三角多中心结构中承担着差异角色。首先，两种柱形上当加入杭州后存在的明显峰值表明上海、南京和杭州之间形成了一个较大的均衡的城市体系。具体来说，在长三角城市群相关的系列规划中，上海被赋予了"全球城市"职能，并定位为国际经济、金融、贸易、航运和科创中心；南京被赋予发挥区域金融商务服务和创新创业中心职能；杭州被赋予发展信息经济、电子商务等新业态经济中心职能。其次，纳入其他城市导致逐步多中心指标（$SP_{Benchmaked(n)}$ 值）的明显下降意味着其他城市在塑造多中心结构中的作用有限。最后，添加更多城市时逐步多中心呈现出趋于稳定的趋势，是因为后添加的城市与已添加的城市相比，在重要性上存在显著差距，因此不会显著影响区域结构。这与 Meijers（2008）的观点相呼应，即通常只有少数几个大城市决定了区域单中心或多中心的程度。

8.4 本 章 小 结

本章采用城际企业联系对长三角的多中心水平进行逐步测度，系统分析了城市多中心水平对所含中心城市数量的敏感性问题。为提高逐步测度方法的有效性，本章采用基准程序方法，将研究区域与具有位序-规模分布的城市系统进行比较。实证结果表明，多中心测度对中心的选取具有较强的敏感性。因此，在分析长三角多中心发展时有必要明确选取不同城市会得到不同均衡程度的方法问题。

在实践意义上，本章研究启示关于哪些城市和多少城市应该被纳入城市群的规划决策至关重要。城市组团形成城市区域的过程主要可以划分为两类，即由地方政府发起的自下而上的过程和由中央政府主导的自上而下的过程（Li and Wu，2018；王珏和陈雯，2013）。一方面，为追求网络和集聚外部性，相邻城市倾向于通过共享交通基础设施、共建产业园区等方式构建区域联盟。这样的区域联盟往往采取逐步推进的策略，但不一定能够得到中央政府的承认。此外，自下而上的区域建设过程伴随着不同历史阶段区域边界的差异，例如，长江三角洲城市经济协调会的成员城市数量不断增加。另一方面，为了协调区域冲突、追求城市群的集聚效益，以及重构中央与地方在空间发展中的话语权，中央政府也致力于将城市整合到区域中。例如，《中华人民共和国国民经济和社会发展第十三个五年规划纲要》确定了 19 个城市群，提出未来 90% 的经济增长将发生在这些地区。划定上述城市区域需要综合考虑协调不同城市间的发展利益、减少区域差距并整合基础设施。中央政府指定的城市群往往是不同级别政府之间利益平衡的产物，规划划定的区域范围是否具有一体化建设基础，如何通过城市网络联系实现整体效益是需要思考的。因此，在政策制定和区域规划时，需要分析多少城市和哪些城市能够达到最佳的区域多中心程度，而本章为此提供了一个方法工具。

参|考|文|献

高鹏, 何丹, 宁越敏, 等. 2021. 长三角地区城市投资联系水平的时空动态及影响因素. 地理研究, 40 (10): 2760-2779.

李郇, 徐现祥, 陈浩辉. 2005. 20 世纪 90 年代中国城市效率的时空变化. 地理学报, 60 (4): 615-625.

李仙德. 2014. 基于上市公司网络的长三角城市网络空间结构研究. 地理科学进展, 33 (12): 1587-1600.

罗小龙, 沈建法. 2007. 长江三角洲城市合作模式及其理论框架分析. 地理学报, 62 (2): 115-126.

蒲英霞, 马荣华, 马晓冬, 等. 2009. 长江三角洲地区城市规模分布的时空演变特征. 地理研究, 28 (1): 161-172.

王珏, 陈雯. 2013. 全球化视角的区域主义与区域一体化理论阐释. 地理科学进展, 32 (7): 1082-1091.

钟业喜, 陆玉麒. 2011. 基于铁路网络的中国城市等级体系与分布格局. 地理研究, 30 (5): 785-794.

周灿, 曾刚, 宓泽锋. 2019. 中国城市群技术知识单中心与多中心探究. 地理研究, 38 (2): 235-246.

Alderson A S, Beckfield J. 2004. Power and position in the world city system. American Journal of Sociology, 109 (4): 811-851.

Burgalassi D. 2010. Defining and measuring polycentric regions: The case of Tuscany. https://mpra.ub.uni-muenchen.de/25880/[2017-10-3].

Burger M, Meijers E. 2012. Form follows function? Linking morphological and functional polycentricity. Urban Studies, 49 (5): 1127-1149.

Cartier C. 2016. A political economy of rank: The territorial administrative hierarchy and leadership mobility in urban China. Journal of Contemporary China, 25 (100): 529-546.

Davoudi S. 2007. Polycentricity: Panacea or pipedream//Nadine C. Cities and Networks in Europe: A Critical Approach of Polycentrism. Paris: John Libbey Eurotext: 65-74.

de Goei B, Burger M J, van Oort F G, et al. 2010. Functional polycentrism and urban network development in the Greater South East, United Kingdom: Evidence from commuting patterns, 1981–2001. Regional Studies, 44 (9): 1149-1170.

Dijkstra L, Garcilazo E, McCann P. 2013. The economic performance of European cities and city regions: Myths and realities. European Planning Studies, 21 (3): 334-354.

ESPON Monitoring Committee. 2006. ESPON project 1.1.1: Urban areas as nodes in a polycentric development. https://www.espon.eu/programme/projects/espon-2006/thematic-projects/urban-areas-nodes-polycentric-development[2024-04-20].

ESPON Monitoring Committee. 2007. ESPON project 1.4.3: Study on urban functions. https://www.espon.eu/programme/projects/espon-2006/studies-and-scientific-support-projects/study-urban-functions[2024-04-20].

Fernández-Maldonado A M, Romein A, Verkoren O, et al. 2014. Polycentric structures in Latin American metropolitan areas: Identifying employment sub-centres. Regional Studies, 48 (12): 1954-1971.

Green N. 2007. Functional Polycentricity: A formal definition in terms of social network analysis. Urban Studies, 44 (11): 2077-2103.

Hall P, Pain K. 2006. The Polycentric Metropolis: Learning From Mega-city Regions in Europe. London: Routledge.

Hanssens H, Derudder B, van Aelst S, et al. 2014. Assessing the functional polycentricity of the mega-city-region of central belgium based on advanced producer service transaction links. Regional Studies, 48 (12): 1939-1953.

Lambregts B W. 2009. The Polycentric Metropolis Unpacked: Concepts, Trends and Policy in the Randstad Holland. Amsterdam: Amsterdam institute for Metropolitan and International Development Studies.

Li Y, Phelps N. 2017. Knowledge polycentricity and the evolving Yangtze River Delta megalopolis. Regional Studies, 51 (7): 1035-1047.

Li Y, Phelps N. 2018. Megalopolis unbound: Knowledge collaboration and functional polycentricity within and beyond the Yangtze River Delta Region in China, 2014. Urban Studies, 55 (2): 443-460.

Li Y, Wu F. 2018. Understanding city-regionalism in China: Regional cooperation in the Yangtze

River Delta. Regional Studies, 52 (3): 313-324.

Liu X, Derudder B, Wang M. 2018. Polycentric urban development in China: A multi-scale analysis. Environment and Planning B: Urban Analytics and City Science, 45 (5): 953-972.

Liu X, Derudder B, Wu K. 2016. Measuring polycentric urban development in China: An intercity transportation network perspective. Regional Studies, 50 (8): 1302-1315.

Meijers E. 2008. Measuring polycentricity and its promises. European Planning Studies, 16 (9): 1313-1323.

Meijers E, Sandberg K. 2008. Reducing regional disparities by means of polycentric development: Panacea or placebo? Scienze Regionali, 7 (Suppl. 2): 71-96.

Münter A, Volgmann K. 2021. Polycentric regions: Proposals for a new typology and terminology. Urban Studies, 58 (4): 677-695.

Parr J. 2004. The polycentric urban region: A closer inspection. Regional Studies, 38 (3): 231-240.

Shu X, Han H, Huang C, et al. 2020. Defining functional polycentricity from a geographical perspective. Geographical Analysis, 52 (2): 169-189.

Song G. 2014. Polycentric Development and Transport Network in China's Megaregions. Atlanta: Georgia Institute of Technology.

Taylor P, Derudder B. 2015. World City Network: A Global Urban Analysis. London: Routledge.

van Meeteren M, Poorthuis A, Derudder B, et al. 2016. Pacifying Babel's Tower: A scientometric analysis of polycentricity in urban research. Urban Studies, 53 (6): 1278-1298.

Vasanen A. 2013. Spatial integration and functional balance in polycentric urban systems: A multi-scalar approach. Tijdschrift voor Economische en Sociale Geografie, 104 (4): 410-425.

Zipf G K. 1941. National Unity and Disunity: The Nation as a Bio-social Organism. Oxford: Principia Press.

第九章 多中心治理：长三角城际干部异地调任与府际合作

长三角城市群多中心发展除了基于企业经济活动（李仙德，2014）、交通流（Guo et al.，2022）、人口流动（Zhang et al.，2018）、知识合作（Li and Phelps，2018；戴靓等，2022）等视角进行映射外，政府作为关键行动者，在城市群的多中心功能发展中扮演了重要的角色（陈雯等，2019）。本章关注政府主导下的城际关系，通过干部异地调任和府际合作两种典型的区域治理手段的视角，解析长三角治理多中心的发展模式。

9.1 长三角一体化背景下的府际合作与干部调任

城市区域被广泛认为是社会经济互动与国家参与共同作用形成的结构，而非经济全球化的自然结果（Harrison，2010；Jonas and Ward，2007；Li and Jonas，2019）。对于长三角来说，其一体化过程始终离不开自上而下的规划干预和政府参与（Li and Wu，2018）。譬如，中央政府批准的长三角区域规划界定的区域范围历经几次扩容，从开始的 16 个城市扩展到 41 个城市，从国家战略层面奠定了区域合作的地理基础。从长江三角洲城市经济协调会到长三角区域合作办公室，各级政府通过自发的或区域组织层面的协调与合作，推动了长三角的多中心与一体化发展过程（陈雯等，2019）。政府为了促进城际协调发展采取了一系列举措，政府间在各领域的合作与城际的干部异地调任是其中两个主要过程。

府际合作是跨城市的政府部门建立在互利共赢的原则上，共同发起的事务合作，通常以交流访问、组织活动会议等多元化形式进行，在交通基础设施、城市管理、社会发展等领域达成合作，以打破行政区划壁垒，提高城市间的互联互通水平。由于政府参与会提高合作的效率（Luo and Shen，2009），府际合作被认为是推进区域一体化发展的有效举措（张衔春等，2022），且能够有效缩小区域差距（Zhang et al.，2024）和促进区域可持续发展（Li et al.，2023）。特别是地方政府在注重与其他城市政府开展合作的同时，也开始注重多元主体的参与（陈瑞莲，2005）；城市政府与跨区域的市场主体（张衔春等，2022）、社会主体（Zhang et al.，2018）等建立合作关系。例如，早在 2007 年，上海、江苏和浙江便针对太湖的蓝藻暴发问题展开了跨区域共同治理的合作；在长三角区域合作办公室的框架下，各城市政府之间通过召开定期的联席会议、签订跨区域的合作协议、开展党政交流等方式形成了愈加紧密的合作联系；以长三角 G60 科创走廊为代表的区域科技合作也成为破除行政壁垒、建立双赢府际关系的重要模式。

干部异地调任是干部受上级政府的任命与派遣进行跨城市任职的行为，该行为具有强烈的行政管理导向。干部的调任行为反映了各级政府的政策和战略目标。例如，上级政府可以通过有意识地将有特定技能和经验的干部调往其他城市以推动特定计划的实施。譬如，浙江省实施省内的干部交流互派工作，推动发达和欠发达地区的干部互派挂职，通过调任干部的帮扶以达到区域共同富裕的目的；上海青浦区和苏州吴江区自 2021 年始互派干部挂职交流，也签署了干部交流的合作协议，为常态化的干部异地调任提供了可靠的制度保障。已有研究基于省长、市长等领导干部的异地任职经历验证了干部异地调任制度对区域发展的积极影响（张军和高远，2007；魏建和王安，2016）。同时，也有研究提出过低频率的干部调任会导致当地"政企联盟"的出现，从而抑制了区域的发展（范子英和田彬彬，2016）。但是，过去研究较少针对城市群区域尺度进行分析；除了周雪光等（2018）研究了省内干部流动空间模式外，鲜有研究关注干部的空间流动规律。

9.2 数据与方法

9.2.1 数据来源与收集

本章使用 2020~2021 年长三角城市政府官方网站所公布的干部信息与跨城合作新闻信息构建干部异地调任数据库与府际合作数据库。对于干部异地调任数据，首先，基于长三角 41 个城市的政府官方网站以及 3 个省级政府官方网站（安徽省、江苏省和浙江省），获取正处级及以上级别的干部名单。其次，利用政府网站所记录的干部个人信息，并辅以百度百科等搜索引擎查找干部任职经历，统计 2020~2021 年处在正处级及以上职位、具有跨城市调任经历的干部调任信息，并进行编码记录，最终得到有效数据 253 条。

对于府际合作数据，基于长三角 41 个城市的政府官方网站，在网站的搜索栏中依次检索除自身外的长三角所有城市名称；并筛选两个城市在 2020~2021 年的合作新闻数据，并进行编码记录。最后，通过剔除重复新闻、非政府主体参与的新闻等，对数据进行清洗处理。例如，在南京政府官方网站以"苏州"为关键词进行检索，在苏州政府官方网站以"南京"为关键词进行检索，并遴选其中的府际合作新闻，通过对相同合作信息进行剔除处理，从而得到南京与苏州之间的府际合作信息。最终得到长三角的府际合作有效数据 5961 条。

9.2.2 网络构建

对于干部异地调任网络，若城市 i 和城市 j 之间发生了一次干部的调任（可能是干部从城市 i 调任至城市 j，或是干部从城市 j 调任至城市 i），则记为城市间的一条调任联系，汇总城市 i 和城市 j 之间的所有调任联系得到两个城市间调任联系强度 R_{ij}。进一步地，汇总城市 i 与长三角其余所有城市间的调任联系强度，得到城市 i 的调任频次 R_i：

$$R_i = \sum_{j=1}^{40} R_{ij} \quad (i \neq j) \tag{9-1}$$

类似地，对于府际合作网络，若政府官方网站记录了一条城市 i 和城市 j 的合作新闻，则记为两个城市间发生了一次合作联系，汇总城市 i 和城市 j 之间的全部合作新闻数量，得到城市 i 和城市 j 之间的合作联系强度 C_{ij}。进一步地，汇总城市 i 与长三角其余所有城市间的合作联系强度，得到城市 i 的合作频次 C_i：

$$C_i = \sum_{j=1}^{40} C_{ij} \quad (i \neq j) \tag{9-2}$$

9.2.3　网络结构测度

本章借用社会网络分析中的网络密度、聚类系数、路径长度和二次指派程序（QAP）相关性分析对干部异地调任网络和府际合作网络的网络结构特征进行分析。

1. 网络密度

该指标为实际边数量与网络中可能存在的所有边数量的比值，其取值范围为 0～1，数值越接近 1，表明网络内节点的联系紧密程度越高。用 e 表示网络中实际存在的边数量，k 表示网络中的全部节点数量（$k=41$），测算出网络密度 Density：

$$\text{Density} = \frac{2e}{k(k-1)} \tag{9-3}$$

2. 平均聚类系数

聚类系数是通过观察节点的邻居节点连接情况以判断节点的集聚程度，通过计算网络中所有节点聚类系数的平均值以表征网络的全局聚类水平。用 E_i 表示与城市 i 相连的 s_i 个城市节点之间实际存在的边数量，测算出平均聚类系数 Clustering：

$$\text{Clustering} = \frac{1}{k} \sum_{i=1}^{k} \frac{2E_i}{s_i(s_i-1)} \tag{9-4}$$

3. 平均路径长度

路径长度是指两个节点间形成连接所需的最短路径步数，数值越低说明网络中的资源或信息流动效率越高。通过计算网络中任意两个节点间的路径长度并取平均值以表征网络的连接效率。用 l_{ij} 表示连接城市 i 和城市 j 所需的最短路径步数，测算出网络的平均路径长度 Length：

$$Length = \frac{2}{k(k-1)}\sum_{i>j} l_{ij} \tag{9-5}$$

4. 相关性程度

QAP 相关性分析是通过将两个网络矩阵经过数次随机置换以评估二者之间的关联程度，并对得到的系数进行显著性检验，以确定结果的可信度。此方法规避了传统统计分析中需考虑的非独立性问题，是测度干部异地调任和府际合作网络之间相关性的良好工具，且可通过 UCINET 的 QAP Correlation 工具来实现。其取值范围为 $-1\sim1$，正负代表着二者间的正相关或负相关关系；数值的绝对值越接近 1，则说明二者的相关性越强。

5. 多中心测度

本章借用基尼系数（Gini）分别测度干部异地调任和府际合作联系塑造的长三角城市群多中心水平。如第七章所述，基尼系数起初是用来评判收入分配平等性的指标，取值范围为 $0\sim1$，0 表示完全均衡，1 表示完全不均衡。本章将城市的网络连通性作为衡量指标，以（1 − 基尼系数）的形式来测度区域的多中心水平（Li and Phelps，2017）。多中心性 Poly 计算公式如下：

$$Poly = \frac{1}{n}\left(2\times\sum_{i=1}^{n-1} W_i + 1\right) \tag{9-6}$$

其中，n 表示城市数量，在本章中 $n=41$；W_i 表示将所有城市的调任频次 R_i 和合作频次 C_i 分别从低到高进行排序后，从第 1 个城市累计到第 i 个城市的联系强度加和占全部城市累计连通性的百分比。Poly 数值越高，意味着长三角区域的多中心水平越高；反之，意味着多中心水平越低。

9.3　干部异地调任与府际合作映射的城市网络

图 9-1 和图 9-2 根据 ArcGIS 中的自然断点法分别对干部异地调任和府际合作的联系频次与联系强度进行等级划分。可以观察到长三角城市间的干部异地调任网络模式整体表现出多中心的网络结构。具体而言，首先，网络表现出明显的"核心-边缘"结构，该结构特点与以往有关长三角城际联系的结论具有一致性（李仙德，2014；戴靓等，2022）。其次，几个较大的核心节点分别是南京、合肥和杭州，且与网络中其余城市存在较大差距，体现出省会城市在干部异地调任网络中的强主导地位。作为省份的政治中心，省会城市在干部调任博弈中具有更强的话语权；此外，省会城市具有较多省级干部的调任和流转，进一步增加了省会城市调任频次。此外，上海在干部异地调任网络中的处于边缘位置，反映了江苏、浙江和安徽省内更倾向于流转调动。这一趋势在调任关系形成的三个省份组团中可以清楚看出。不难发现，南京-宿迁、合肥-芜湖、杭州-温州等具有频繁调任联系的城市对均位于同一省份内，且为"省会城市-同省地级市"的组合，印证了调任网络具有极强的行政属性。

根据图 9-2，可以发现府际合作网络中以上海、南京、杭州、苏州、无锡等发达城市为重要节点的沿沪宁、沪杭线的联系较为密切。同省效应和省会城市的中心地位在府际合作中仍旧存在，这是因为处于同一省份的城市由于组织管理制度的一致性，能够降低合作沟通成本和提高合作效率；且由于晋升锦标赛的动机，不同行政等级城市政府间更倾向于合作（Chen et al.，2017）。就省份对比而言，安徽省的府际合作联系相对薄弱，主要体现为除合肥占据网络的次核心位置以外，安徽省其余城市的合作频次较低。在根据合作频次划分出的 12 个最低等级城市中，有 9 个城市均为安徽省的城市。此外，上海-嘉兴、上海-苏州、南京-镇江等空间毗邻的城市对往往具有密切的府际合作，说明地理空间距离的邻近性对府际合作具有正向影响。相近城市之间往往拥有便捷的交通基础设施，为跨城的合作提供了便利；同

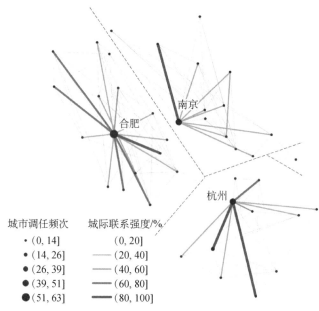

城市调任频次　城际联系强度/%
- · (0, 14]　　(0, 20]
- · (14, 26]　　(20, 40]
- ● (26, 39]　　(40, 60]
- ● (39, 51]　　(60, 80]
- ● (51, 63]　　(80, 100]

图 9-1　长三角干部异地调任网络

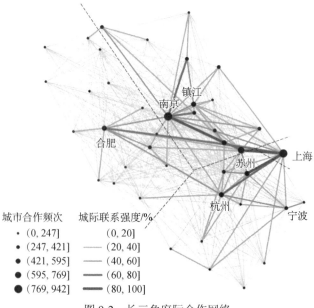

城市合作频次　城际联系强度/%
- · (0, 247]　　(0, 20]
- · (247, 421]　　(20, 40]
- ● (421, 595]　　(40, 60]
- ● (595, 769]　　(60, 80]
- ● (769, 942]　　(80, 100]

图 9-2　长三角府际合作网络

时，地理空间上相邻的城市具有相似的自然环境、文化背景和紧密的社会网络联系，更容易促成合作关系（Luo and Shen，2009）。此外，网络中的边缘城市更倾向于同省内城市或经济发达的城市发生合作联系，一定程度说明了府际合作联系存在"择优链接"效应（戴靓等，2022）。以在合作网络中拥有最低合作频次的亳州为例，与亳州拥有最亲密府际合作联系的几个城市分别为合肥（9 次）、上海（8 次）和阜阳（6 次），侧面反映出大城市由于拥有更多的政治经济资源而对小城市存在吸引力，也佐证了同省和地理上相近的城市之间更倾向于合作。

　　为更了解两个网络在微观层面的结构表现，借用社会网络分析的几个指标对两个网络进行对比（表 9-1），发现府际合作的网络整合度明显高于干部异地调任网络。首先，在节点参与度方面，长三角的 41 个城市均参与到干部异地调任和府际合作这两种府际联系网络中；换言之，长三角的治理多中心范围已经涵盖了三省一市全域。但是，府际合作网络的边、联系强度和网络密度的数值远高于干部异地调任的相应指标，说明相比干部异地调任联系，城市间进行府际合作联系的广度与联系强度均更高。从平均聚类系数来看，两个网络中均存在紧密的联系组团，一方面，较高的聚类水平有利于区域内部的资源整合与共享；另一方面，通过进一步观察发现以省份为边界的组团联系较为突出，说明联系虽然紧密但仍存在局限性，从而不利于一体化程度的提升。从平均路径长度来看，越短的路径长度可以被认为是城市间拥有越近的政府社交距离或越迅速的信息交流速度，说明网络的整合度越高。府际合作的平均路径长度仅为 1.263，说明仅需不超过 2 个城市便能建立任意市间的府际合作联系；而干部异地调任的平均路径长度为 3.259，表明城市间在调任联系上仍需加强，以通过干部的流动来提高信息和资源在城市间的传播效率。最后，二者的相关性系数显著为正，且通过了 1%的显著性水平检验，初步说明干部异地调任与府际合作之间存在潜在的影响关系。一方面，调任的干部作为沟通桥梁畅通了新旧任职地之间的信息沟通（柳建文，2012），从而为城市间的合作提供基础；另一方面，由于合作项目的需要，上级政府可通过派遣相关干部进行异地就职以推进项目的实施。

　　干部异地调任和府际合作的不同空间表现主要由这两种区域治理手段的不同特性决定。首先，干部异地调任制度通常是上级政府出于优化组织架构、锻炼干部等政治管理考量，自上而下对下级干部作出的派遣决定，有着更强的行政属性。然而，府际合作通常由双方城市政府基于互利共赢原则和以往合作基础，主动地发起诸如交流城市管理经验、签订合作备忘录等合作项目，或在上级政府的政策引导下定期参加城市间的交流座谈会等合作交流。同时，干部的任期一般以年为单位，且过于频繁的调任不利于干部履职和城市治理（杜娟和朱旭峰，2023）；而政府间跨城合作能够频繁建立，且更多的府际合作会有路径依赖效应。

表 9-1　干部异地调任和府际合作的网络结构与相关性系数

	干部异地调任	府际合作
节点	41	41
边	124	604
联系强度	253	5961
网络密度	0.151	0.737
平均聚类系数	0.601	0.791
平均路径长度	3.259	1.263
相关性系数	0.313***	

***表示在 99%的水平上显著。

9.4　干部异地调任和府际合作网络的多中心表现

　　首先，利用公式（9-6）计算得到干部异地调任和府际合作的多中心水平分别为 0.656 和 0.659，可以看出，两种府际联系空间结构上的具有相似的多中心水平。对比长三角企业联系视角下的多中心水平（0.52），可以看出政府驱动的城际联系多中心程度更高。

　　表 9-2 展现了干部异地调任和府际合作频次前 10 的中心城市列表。首先，府际合作的核心节点城市与基于其他维度的长三角城际联系的相关结论类似：即南京、上海、杭州、合肥和苏州占据了网络的核心地位，且存在"主核心—次核心—边缘"的层级结构（王艳茹和谷人旭，2019；张学良

等，2021；戴靓等，2022）。这也反映出城市府际合作同知识流动、经济往来等社会经济过程具有较高的相关性。其次，对比府际合作和干部调任的中心节点，发现高行政等级城市更倾向于成为干部调任中心节点，而经济核心城市更倾向于成为府际合作的中心节点。例如，干部调任的核心节点城市均为省会城市，而苏州作为重要经济中心城市，虽为地级市，但其合作频次却高于省会城市杭州和合肥。

表 9-2　干部异地调任和府际合作的重要节点排名

城市	调任频次	城市	合作频次
合肥	63	南京	943
杭州	47	上海	906
南京	39	苏州	628
金华	15	杭州	553
蚌埠	14	合肥	546
黄山	14	嘉兴	472
亳州	14	无锡	457
宿迁	13	扬州	433
嘉兴	12	湖州	395
芜湖	12	宁波	385
铜陵	12		
衢州	12		
淮北	12		
阜阳	12		

表 9-3 展现了干部异地调任和府际合作频次前 10 的中心城市对。重要城市对的结构组成在两个网络中表现出明显差异。对于干部异地调任来说，所有城市对均为"省会城市-同省地级市"，突出了同省效应在调任网络中的影响力。例如，在调任网络中排名仅次于省会城市的金华，其超过半数的调任频次来源于同杭州间的联系。对于府际合作来说，排名前 10 的城市对主要包括"上海-上海的周边城市"、"上海-省会城市"和"省会城市-同省地级市"等类别，体现行政等级和同省效应在府际合作网络中也同样存在。此外，长三角一体化深入推进带动了上海和周边城市的干部调任；且处级和厅级干部多归省委组织部管理，加之省会城市较大的干部基数，促进了省会属

地干部与地级市间调任的频次。就省份而言，在干部异地调任联系中，排名前 10 的城市对中有 6 个城市对来自安徽省内；然而，除了南京-宿迁以外，江苏省的城市均未上榜，反映了各省干部调任的差异化政策导向。此外，这一省份差异在府际合作中表现完全相反，江苏省内城市对的城际合作频次远超安徽省，这同城际经济往来的强度密切相关。

表 9-3　干部异地调任和府际合作的重要城市对排名

城市对	调任强度	城市对	合作强度
合肥-芜湖	9	上海-嘉兴	101
南京-宿迁	9	上海-苏州	98
杭州-金华	8	南京-无锡	83
杭州-温州	8	南京-苏州	76
合肥-亳州	6	上海-合肥	69
合肥-池州	6	南京-淮安	68
合肥-阜阳	6	上海-杭州	67
杭州-嘉兴	6	南京-镇江	66
合肥-黄山	6	南京-南通	56
合肥-蚌埠	5	杭州-宁波	54
杭州-绍兴	5	湖州-嘉兴	54
		南京-上海	54

9.5　本章小结

本章从干部异地调任与府际合作两个政府参与城际联系的角度探讨了长三角的治理多中心表现，研究结论如下。首先，长三角调任网络密度远低于合作网络，体现了干部调任具有较强的行政属性，而府际合作更多基于城际自发的合作需求。其次，省会城市在调任网络中的中心地位以及同省效应也反映了行政因素的影响，而府际合作则主要以上海、南京、苏州、杭州等经济发达城市为中心，且地理毗邻的跨省城市对表现突出，反映了府际合作与城际社会经济互动的相关性。最后，通过对多中心水平的测度发现，两个网络均具有较高的多中心水平，但其中的中心城市与中心城市对均表现出明显差异。

从治理角度来看，长三角治理多中心仍存在较大优化空间。比如，增强干部异地调任频次，尤其是推动跨省之间的干部调任；针对地理空间上相近的城市间更容易发生府际合作，应依托网络中的核心城市，积极推动其与周边小城市的合作联系。此外，通过大城市与周边小城市建立合作联盟、交流管理经验等方式，带动诸如蚌埠、亳州等欠发达城市的发展，促进区域协调。

参|考|文|献

陈瑞莲. 2005. 论区域公共管理的制度创新. 中山大学学报 (社会科学版), 45 (5): 61-67, 126.

陈雯, 王珏, 孙伟. 2019. 基于成本—收益的长三角地方政府的区域合作行为机制案例分析. 地理学报, 74 (2): 312-322.

戴靓, 刘承良, 王嵩, 等. 2022. 长三角城市科研合作的邻近性与自组织性. 地理研究, 41 (9): 2499-2515.

杜娟, 朱旭峰. 2023. 官员更替、政策连续性与贫困治理绩效——来自国家级贫困县脱贫的经验证据. 公共行政评论, 16 (1): 6-28, 197.

范子英, 田彬彬. 2016. 政企合谋与企业逃税: 来自国税局长异地交流的证据. 经济学 (季刊), 15 (4): 1303-1328.

李仙德. 2014. 基于上市公司网络的长三角城市网络空间结构研究. 地理科学进展, 33 (12): 1587-1600.

柳建文. 2012. 中国地方合作的兴起及演化. 南开学报 (哲学社会科学版), (2): 58-68.

王艳茹, 谷人旭. 2019. 长三角地区城市网络结构及其演变研究——基于企业联系的视角. 城市发展研究, 26 (6): 21-29, 78.

魏建, 王安. 2016. 中国的市场一体化进程: 官员交流的作用. 经济与管理研究, 37 (6): 27-35.

张军, 高远. 2007. 官员任期、异地交流与经济增长——来自省级经验的证据. 经济研究, (11): 91-103.

张衔春, 夏洋辉, 单卓然, 等. 2022. 粤港澳大湾区府际合作网络特征及演变机制研究. 城市发展研究, 29 (1): 7-14.

张学良, 吴胜男, 许基兰. 2021. 基于企业联系的长三角城市网络结构演变研究. 南通大学学报 (社会科学版), 37 (5): 33-42.

周雪光, 艾云, 葛建华, 等. 2018. 中国地方政府官员的空间流动: 层级分流模式与经验证据. 社会, 38 (3): 1-45.

Chen Y, Yeh A G O, Zhang Y. 2017. Political tournament and regional cooperation in China: A game theory approach. The Annals of Regional Science, 58 (3): 597-622.

Guo Y, Cao L, Song Y, et al. 2022. Understanding the formation of City-HSR network: A case study of Yangtze River Delta, China. Transport Policy, 116: 315-326.

Harrison J. 2010. Networks of connectivity, territorial fragmentation, uneven development: The new politics of city-regionalism. Political Geography, 29 (1): 17-27.

Jonas A E G, Ward K. 2007. Introduction to a debate on city-regions: New geographies of governance, democracy and social reproduction. International Journal of Urban and Regional Research, 31 (1): 169-178.

Li Y, Jonas A E. 2019. City-regionalism as countervailing geopolitical processes: The evolution and dynamics of Yangtze River Delta region, China. Political Geography, 73: 70-81.

Li Y, Phelps N. 2017. Knowledge polycentricity and the evolving Yangtze River Delta megalopolis. Regional Studies, 51 (7): 1035-1047.

Li Y, Phelps N. 2018. Megalopolis unbound: Knowledge collaboration and functional polycentricity within and beyond the Yangtze River Delta Region in China, 2014. Urban Studies, 55 (2): 443-460.

Li Y, Wu F. 2018. Understanding city-regionalism in China: Regional cooperation in the Yangtze River Delta. Regional Studies, 52 (3): 313-324.

Li Y, Zhang X, Xia C. 2023. Towards a greening city: How does regional cooperation promote urban green space in the Guangdong-Hong Kong-Macau Greater Bay Area? Urban Forestry & Urban Greening, 86: 128033.

Luo X, Shen J. 2009. A study on inter-city cooperation in the Yangtze River Delta region, China. Habitat International, 33 (1): 52-62.

Zhang W, Derudder B, Wang J, et al. 2018. Regionalization in the Yangtze River Delta, China, from the perspective of inter-city daily mobility. Regional Studies, 52 (4): 528-541.

Zhang X, Xu Y, Zhou C, et al. 2024. Governing regional inequality through regional cooperation? A case study of the Guangdong-Hong Kong-Macau Greater Bay area. Applied Geography, 162: 103135.